U0928289

珍藏本
纪念版

汉译世界学术名著丛书

一年有半、续一年有半

〔日〕中江兆民 著

吴藻溪 译

商务印书馆
SINCE 1897 The Commercial Press

2017年·北京

据岩波文库本(1963年3月版)和《近代日本思想大系3·中江兆民集》(松永昌三编,东京筑摩书房1974年版)所载《一年有半、续一年有半》原文译出。

汉译世界学术名著丛书
（120年纪念版·珍藏本）
出版说明

2017年2月11日，商务印书馆迎来120岁的生日。120年前，商务印书馆前贤怀揣文化救国的理想，抱持“昌明教育，开启民智”的使命，立足本土，放眼寰宇，以出版为津梁，沟通中西，为中国、为世界提供最富智慧的思想文化成果。无论世事白云苍狗，潮流左右激荡，甚至战火硝烟弥漫，始终践行学术报国之志，无改初心。

逐译世界各国学术名著，即其一端。早在20世纪初年便出版《原富》《天演论》等影响至今的代表性著作，1950年代后更致力于外国哲学和社会科学经典的译介，及至1980年代，辑为“汉译世界学术名著丛书”，汇涓为流，蔚为大观。丛书自1981年开始出版，历时三十余年，迄今已推出七百种，是我国现代出版史上规模最大、最为重要的学术翻译工程。

丛书所选之书，立场观点不囿于一派，学科领域不限于一门，皆为文明开启以来，各时代、各国家、各民族的思想与文化精粹，代表着人类已经到达过的精神境界。丛书系统译介世界学术经典，引领时代思想，为本土原创学术的发展提供丰富的文化滋养，为推动中国现代学术和现代化进程做出了突出的贡献。

为纪念商务印书馆成立120周年，我们整体推出“汉译世界学术名著丛书”120年纪念版的珍藏本，寄望既利于文化积累，又便于研读查考，同时向长期支持丛书出版的译者、编者和读者致以敬意。

两甲子后的今天，商务印书馆又站在了一个新的历史时间节点上。我们不仅要铭记先辈的身影和足迹，更须让我们的步伐充满新的时代精神。这是商务人代代相传的事业，更是与国家和民族的命运始终紧密相连的事业。我们责无旁贷，必须做好我们这代人的传承与创造，让我们的努力和成果不仅凝聚成民族文化的记忆，还能成为后来人可以接续的事业。唯此，才能不负前贤，无愧来者。

商务印书馆编辑部

2017年10月

出 版 说 明

本书作者中江兆民(1847—1901)是日本近代杰出的唯物主义哲学家、倡导自由民权的政治活动家和理论家。中江兆民生活的十九世纪后半叶,正是日本处于从封建社会向资本主义社会过渡的一个重大转变的历史时期。1868 年的明治维新是一次不彻底的资产阶级革命。日本统治阶级自上而下地实行了一系列改革,推动了资本主义生产关系在日本的全面发展。与此同时,西方的科学文化在日本进一步大量传播。但是根深蒂固的日本封建势力仍然十分强大,农村的封建生产关系几乎没有任何触动;即使在新兴的工业资本主义的生产关系中,也保留着或夹杂着封建的剥削方式。地主资产阶级为了禁锢人民的思想,继续推崇神道,宣扬“神代以来万世一系的天皇”的神话,后来又在社会上保护佛教,在学校教育中则灌输儒教道德,封建的意识形态仍然占据着统治地位。但是,西方资产阶级的科学与民主的思想既经输入,在日本就形成了普遍的思想启蒙运动,并且在启蒙思想的推动下,在政治上展开了自由民权运动。上述两种意识形态和政治势力的斗争,一直贯穿在日本近代史中。中江兆民作为一位杰出的思想家,他的哲学唯物主义思想正是在这个政治、思想斗争十分激烈、复杂的时代里逐步形成和发展起来的。

中江兆民，原名笃介，1847年11月1日生于土佐藩一个下级武士家庭。幼年在藩校文武馆学习汉文。青年时代开始学习西方语言和人文科学。1871—1874年，他作为司法省的留学生在法国留学，专心研究哲学、史学和文学，深受法国十八世纪启蒙思想的影响。回日本后，开设法文学塾，讲授政治、法律、历史、哲学等课程，前后受教育者有两千多人。1880年他参加了自由党，积极从事政治活动，并主编《东洋自由新闻》，经常在《东洋自由新闻》和《政理丛谈》等报刊上发表评论，宣传自由民权思想，特别是他用汉文译述的卢梭《民约译解》（即《社会契约论》）一书的出版，在知识界影响很大，使他获得了“东洋卢梭”的称号，成为日本公认的自由民权运动激进派的理论家。后来，由于自由民权运动多次遭到镇压，中江兆民便主要从事写作活动。在这个时期，他的著作有：《理学钩玄》（意为：哲学概论，1886年）、《革命前法兰西二世纪事》（1886年）、《三醉人经纶问答》（1886年）和《平民的觉醒》（1886年）等。译作有：《非开化论》（即卢梭著《论科学与艺术》日译本，1883年）、《维氏美学》（1883—1884年）和《理学沿革史》（意为哲学史，1886年）等。

1887年明治政府为了镇压自由民权运动，公布了“公安条例”，中江兆民等五百多名民权派人物被逐出首都东京。他前往大阪，创办了《东云新闻》，后来又主编《日刊政论》和《自由新闻》，继续鼓吹自由、民权思想，并为受歧视的部落民争取民主权利而积极活动。1888年他在大阪水平社（争取部落民解放的组织）的支持下当选为议员。不久，由于在预算问题上，议会中自由党土佐派的卖身投靠政府，使他十分失望，愤而退出议会。1893年以后，他决心创办实业，自己筹措政治活动资金，以摆脱政府的控制，结果以债台高筑而告终。这个时期他的著作有：《国会论》(1887年)、《选举人的觉醒》(1889年)、《忧世慨言》(1889年)和《放言集》(1891年)；译作有叔本华的《伦理学大纲》(1893年)等。

晚年，他虽然再次登上政治舞台，1897年组织过“国民党”，出版了机关刊物《百零一》，但不久也遭到挫折。在政治上失望之余，1900年他不顾学生幸德秋水的劝告，抱着试探的心理，参加过帝国主义者的组织“国民同盟会”。

多年来，他一直想写一部阐述他的政治观点和哲学思想的著作。1900年底他身患癌症，医生宣告他余命只有“一年有半”，他却以惊人的意志和毅力写成了最后一部著作，即以《一年有半》为名，其后又写下他“无神无灵魂”的哲学思想，作为续编，是为《续一年有半》，由他的学生、日本最早的社会主义者幸德秋水整理出版。1901年12月13日中江兆民去世，葬仪遵照本人的遗嘱不采用任何宗教仪式，贯彻了作者作为无神论者的遗志。

中江兆民作为一位唯物主义哲学家，他的哲学思想有一个发展、变化的过程。

青年时代，他主要投身政治活动，宣传自由民权理论，抨击明治专制政府；哲学上的论述不多。

中江的哲学观点，最早的见于1882年在《政理丛谈》上发表的“哲学的宗旨”一文，他在介绍西方哲学时说：“西方哲学学说，……不外乎是唯心主义和唯物主义两种。唯心派认为人有肉体和灵魂二者，存在着上帝。唯物派不承认灵魂，把感情、理智、意志等等全部都归结为大脑的作用。这两种学说互有长短。然而要阐明哲学的概要，与其选此择彼，毋宁只有选择其内容和道理清晰而条理整齐的”。中江兆民承认唯物主义和唯心主义“互有长短”，这就清楚地说明，当时他还动摇在唯物主义和唯心主义之间。后来，随着自然科学新成就在日本的传播、自由民权运动的发展和同官方的形形色色唯心主义御用哲学的对抗，中江兆民才逐渐转向唯物主义。

中江兆民的第一部哲学著作《理学钩玄》（意即《哲学概论》）是1886年出版的。在这本书中，他比较系统地介绍了西方哲学思想。他在介绍唯心主义哲学时，经常列举唯物主义哲学家对它的批判，而对唯物主义哲学的介绍则是以肯定的态度来表述的，表现出他已经明显地站在唯物主义的立场。但是，由于中江兆民深受孔德实证主义的影响，在这本书中，还带有某种实证主义的倾向。

《续一年有半》是中江兆民临终前的最后作品。他的哲学思想这时已经进一步成熟和定型。这本书才是他唯物主义思想的代表作。书上标出了“无神无灵魂”的副题，矛头直指有神论和形形色色的唯心主义，作者是从无神论的观点出发来展开自己的唯物主义哲学思想的。他在本书中公然申明：“我认为哲学家的义务，不，哲学家的根本资格，就是在哲学上抱着极端冷静、极端直率、极端不妥协的态度。所以我坚决主张无佛、无神、无灵魂，即纯粹的物质学说。……而不把宗教教义放在眼里，不理会前人的学说，在这里提出了自己独特的观点，主张这种理论”，表达了他的唯物主义思想的战斗性。

中江兆民的无神无灵魂的观点，既是针对西方神学教义的，也是针对日本神道思想的。他根本否定神的存在，“无论多神也好，一神也好，都是根本不存在的”，指出所谓神是人制造出来的，不过是一种“权宜的说法”，是以迷信为依据的。人们幻想出神，是“为了勉强掩盖人类社会的缺陷”，是“为了在社会上劝善惩恶”。中江兆民不仅揭穿了神学唯心主义的社会根源，而且触及了神学唯心主义的认识论根源。

中江兆民运用十九世纪的科学成果来批判有神论的非科学性。他坚决驳斥某些所谓哲学家主张的“神造物说”，他说：“因为由法国的拉马克所倡导的、由英国达尔文集而大成的、对近代科学发挥过很大作用的进化论，同造物说是根本势不两立的。”

在批驳有神论和唯灵论的谬论的同时，中江兆民阐述了自己的唯物主义哲学思想。在哲学的基本问题，即物质和精神什么是第一性的问题上，中江兆民写道：“所谓神的存在，或所谓精神不灭，即身体死亡以后，还能够保持各自的灵魂等”，是“极端违背逻辑、极端违反哲学的呓语”。

他认为“所谓精神，不是本体，而是从本体发生的作用，是活动。本体是五尺身躯。这五尺身躯的活动，就是精神这种神妙的作用”。“那种身躯是由若干种元素结合而成的。所谓死亡，就是这些元素的开始分解。但是元素即使发生分解，并不消灭。它们一经发生分解，也即身体发生腐烂的时候，其中的气体元素就混入空气中，其液体或固体元素就混入土地中”。“身躯，即物质，即元素，是不朽不灭的。只有身躯的作用即精神，却要腐朽、消灭，而不留痕迹”。“世界万物，既然是无始的，那就谈不到有所谓创造”。“这个世界万物，又一定是无终的。有，没有道理变成无”。

中江兆民在物质对精神的关系上，坚持物质的第一性，是明确地站在唯物主义立场上的。他鲜明地表述了：物质是由元素结合而成的。物质是本体，是第一性的；而精神不过是物质的作用或活动，是第二性的。世界是客观的存在，既是无始的，又是无终的。既不能创造，也不会自己消灭。作者根据物质不灭定律，认为物质的形式可以变化，但元素本身并不消灭，而是不朽不灭的。相反地，精神却要随着肉体的消亡而消亡。

承认存在第一性，思维第二性的同时，在思维和存在是否具有同一性，也即客观世界是否可知的问题上，中江兆民同样坚持了唯物主义反映论的观点。他说：

“人诞生以后，天天看见、听见、嗅到、品味或接触各种各样的事物”，“反映到了我们的精神中”，“深入地印入记忆中”。“凡属我们的五官所能接触的一切物体，例如所谓草木禽兽，反映到记忆中，形成观念，本来都非经过五官不可”。“如果没有眼睛，靠什么得到关于色彩的印象？如果没有耳朵，靠什么得到关于音韵的印象？香和臭的印象，有味和没有味的印象，以及皮肤所感觉的坚硬和脆弱，寒和热等等印象，都是从（五官）这些窗户进来的”。

从上述两个方面来看，在哲学的根本问题上，中江兆民是明确地站在唯物主义立场上。但是，中江兆民的唯物主义反映论，基本上还是和十八世纪法国唯物主义的感觉论处于同一个水平。中江兆民比他的法国前辈整整晚了一个世纪，在十九世纪上半叶，自然科学已经有了三大发现，即能量转化、细胞学说和达尔文的进化论。按其时代来说，中江兆民应当有可能把他的反映论上升到辩证唯物主义反映论的高度；但是，由于日本社会经济状况远远落后于西欧，大工业无产阶级还没有在日本登上历史舞台，马克思主义还没有传入东方，这是他所处的历史局限性，决定了中江兆民的唯物主义还只能停留在形而上学的唯物主义的发展水平。

尽管如此，中江兆民的唯物主义哲学在十九世纪后半叶的日本，仍然起了革命舆论的先锋作用。对于中江兆民的唯物主义在日本哲学史上的意义和地位，我们必须给予充分的肯定。中江兆民的哲学思想，作为对自由民权理论在哲学上所作的概括，对于社会主义思想后来在日本的发展，具有承前启后的重大作用。它作为日本的独特的唯物主义思想，像里程碑一样在日本哲学史上放射着光芒。

商务印书馆编辑部

一九七八年十二月

目　　录

一年有半(生前的遗稿)

续一年有半(无神无灵魂)

一　年　有　半

（生前的遗稿）

引　言

一、兆民先生在泉州[①]堺市养病，叫我到他那里去。八月四日我拜望了他。他把坐垫下的若干页手稿拿出来，微笑地对我说："我的病日益恶化，看来活不了多少时候。如果现在不对后世子孙说几句话，难道还能算是一个读书人吗？因此，近来执笔写了这部稿子。我死了以后，你可以好好校订出版。"听了这话，我黯然不知道怎样回答，停了一会儿才说："不才谨听尊命。但是关于这部著作，不知先生决定在生前还是死后出版？全国都渴望拜读先生的大作，请允许立即付印吧！"先生不太拒绝，含笑说道："你就好好地去设法办吧。"第二天，我带着这部手稿回到东京，和同窗的前辈小山久之助商量，他也很赞成我的意见。于是委托大桥新太郎[②]印刷出版。这就是这部《一年有半》。本来应该晚几年，而现在提前几年出版，想来先生不会以此深深责备我们吧。

二、本书每节所附的小标题，是先生嘱咐我加上的。深恐很多和原编的趣旨不符，以致画蛇添足、狗尾续貂，辜负了先生的期望。

三、先生离开政界以后，不大接近笔墨，仅有明治三十一年

① 泉州，即和泉国(国是日本古代的行政区划之一)，今大阪府的南部。

② 《一年有半》初版是博文馆出版的。大桥新太郎是博文馆书店的老板。

(1898)一月至四月,在《百零一》杂志发表的四篇论文;明治三十三年(1900)十月至今年三月,为《每夕新闻》写作的数十篇论文。因为担心散失,现在收集在一起,附录在卷末[①]。有关编选排列的问题,一概应该由我负责。

四、先生的照片很少。家中所收藏的,都是壮年时期的。本书刊出的是其中的一张,这是留学法国的时候拍摄的。[②]

明治三十四年(1901)八月十八日

门人幸德秋水　谨识

① 这一部分文章,现行的本子一般未收,中译本因而未译。——编者

② 中译本没有选用作者的照片。

第　一　章

一年半的由来

明治三十四年(1901)三月二十二日,我从东京启程。第二天二十三日到达大阪。几个朋友来车站迎接,仔细看了我的脸色,都大吃一惊。到了旅馆以后说,他们甚至以为我可能马上就要晕倒。这也难怪。自从去年十一月以来,我常患咳嗽。当时曾经请咽喉专科的医生诊断,据说是普通的喉头炎,因此一直没有加以理会。后来喉头渐觉疼痛,饮食都减少了一半;再加夜车困顿,是以当然显得这样疲劳。可是这个时候,我仍旧以为得的是慢性喉头炎,而没有加以理会。四月到纪州的和歌浦①游玩了四五天。不过从这时起,呼吸渐觉短促,喉头依然疼痛。我虽说是个外行,也感到不安,担心是不是得了一般人所说的癌症。于是带着行李,匆匆赶回大阪,请耳鼻咽喉专科堀内医生诊断。医生照例用X光线仔细加以检查,然后对我说,这个病需要开刀。我这才知道果然是得了癌症。便回答说,既然这样,那就完全拜托你了,请施行开刀手术。不久,我的朋友也根据我的请求,同意担任手术的见证人,又写信把详细的情况通知了我的家里。我妻弥子闻讯大惊,慌慌张张离家赶来大阪,到

① 纪州是纪伊国的别称,现在大部分属和歌山县。和歌浦,也叫光明浦是和歌山市的游览胜地。

了我住宿的中之岛[1]小塚旅馆。随后大家都说，癌症开刀极为危险，十个人之中不见得有一个人能活，倒不如采取维持现状的办法，因而极力劝阻我开刀。我当然不乐意早死，并且知道：只要有一口气，就一定有事情可做，也可过得愉快，于是打消了切除癌肿的念头；而堀内医生也并不勉强，看来他也认为开刀是危险的。

寿命上的丰年

一天，我走访堀内医生。首先请他直言相告，不必讳言。然后问他，从现在起到临终的那一天为止，还可以活多长时间？因为这个期间既然有事情可做，又可过得愉快，哪怕是一天的光阴，也想充分加以利用；所以才这样问他，以便作今后的打算。堀内医生是一位极其忠厚的长者，沉思两三分钟之后，好像很难启齿的样子，答复我说，“一年半，假使疗养得好，可以保持两年”。我说，我以为至多只能活五六个月；如果能活一年，那么对我来说，已经是寿命上的丰年。这本书所以题为《一年有半》，就是由于这个缘故。

一年半是漫长的

一年半，各位也许要说是短促的；然而我却说是漫长的。如果要说短，那么，十年也短，五十年也短，一百年也短。因为生时是有限的，死后是无限的。拿有限和无限相比，这不是短，而是根本无。假使有事情可做，并且过得愉快，那么，这一年半岂不是足以充分利用的吗？啊！所谓一年半也是无，五十年、一百年也是无。就是说，我是虚无海上一虚舟。

自从接受“一年半”这一死刑的宣判以来，我天天以什么来消遣呢？身住旅馆，手边没有书籍，目前我姑且以阅读当地出版的

---

① 中之岛是大阪市中心的一个小岛，位于堂岛川和土佐堀川的会合处，岛上有公园。

《朝日新闻》和《每日新闻》两家报纸，以及一向爱读的东京出版的《万朝报》[①]来消遣。也就是说，我是通过这三家报纸以保持自己同世界的交往的。最近，伊藤博文[②]内阁垮台；桂太郎[③]内阁接着上台。一个极端脆弱的立宪内阁，不，一个立宪内阁的幻影烟消云散了；一个超党派内阁勃然兴起了。桂太郎内阁的成立这件事情本身，可以说是对社会上的立宪政治家发出的宣战书。

同世界的交往

星亨[④]还健在吗？犬养毅[⑤]还健在吗？这些民间政治家一旦追求私利，追求权势，追求成效以来，那些超党派的怪物，一齐欣然上台说，民间党不足为惧。

超党派的怪物欣然上台

伊藤博文和大隈重信[⑥]竞争的时代已经过去了，现在成了伊藤博文和山县有朋[⑦]竞争的时代。民间意气的消沉已经到了这样的地步，而其原因在于财政困难。所以我说，现在的日本，处于柯

柯尔柏的时代

① 《万朝报》：明治二十五年由黑岩周六（泪香）在东京创办的一种日报。设有文艺栏，对社会主义和工人运动特别重视。后（昭和15年）与东京《每夕新闻》合并。

② 伊藤博文（1841—1909）明治时代的政治家。历任首相、枢密院议长、贵族院议长。后被朝鲜人安重根刺杀。

③ 桂太郎（1847—1913），明治时代的军人，政治家。曾任首相、陆军大将。后组织立宪同志会。

④ 星亨（1850—1901），明治时期的政治家，自由党领袖。曾任众议院议员、议长。政友会结成时，率自由党参加政友会，后来又任邮政相，东京市议会议长。最后被伊庭想太郎刺死。

⑤ 犬养毅（1855—1932），政治家。1882年参与创立立宪改进党。议会成立以后，长期任议员。历任国民党、革新俱乐部的首领，政友会总裁、首相。“五·一五”事件时被杀。

⑥ 大隈重信（1838—1922），政治家。历任参议、外相、枢密顾问官、首相。1882年组织改进党，任首脑（“总理”）。大正三年（1914）再次出任首相。曾创立东京专门学校，即后来的早稻田大学，1910年任校长。

⑦ 山县有朋（1838—1922），军人，政治家。历任内相、首相、陆军大将、元帅；后为枢密院议长，作为元老在政界发挥作用。

尔柏[①]的时代。

曼彻斯特派的恩赐

以往我常常在报纸和杂志上说，曼彻斯特派经济理论[②]对我们日本官民上下的流毒太久了。也就是说，自由放任的经济理论，随着明治政府一起发展起来，正在发挥作用。现在，经济界附属的交通运输机关，日益完备；而能够利用这些机关的主要物品即货物，三十多年以来却没有增加多少。有车辆而没有存货，这就是当前日本经济界的状况；这就是曼彻斯特派经济理论的恩赐。

官民上下都为贫穷所苦。于是乎一切措施，都只求敷衍了事，人情一天天淡薄起来。内阁再也不是制定整个国家方针政策的地方，而是那些贪图利欲，玩弄权势的人们的最高级的和最方便的阶梯。贵族院是一帮阴险毒辣的家伙的集合场所，他们表面上说要纠正党派的流弊，勉强装作攻击内阁的样子，暗地里却企图乘机让自己插足内阁。所谓众议院是什么呢？那就更不用说了，它简直只是一群饿虎的团体。内阁，贵族院，众议院，这几个掌握全国政治的机构，既然变成了官僚绅士式野兽的渊薮，那么，国民究竟要听从谁的呢？假使没有柯尔柏那样的人物出现，全盘规划，大力开发资源，使官民上下统统富裕起来；或者由于自然的趋势，这里再

国民无所适从

① 柯尔柏(Jean-Baptiste Colbert，1619—1683)，法国政治家、重商主义的代表人物。路易十四统治时期的财政大臣。在任内执行重商主义政策，被称为柯尔柏主义。主要措施是发展工业，扩大出口，减少进口，争取贸易顺差，增加国库收入。并兴办手工业工场，发展商业和运输业，加强对殖民地的掠夺等。柯尔柏主义促进了法国资本主义的发展，但并未改变法国封建制度的基础。

② 曼彻斯特派：十九世纪上半期英国的部分产业资本家及其知识分子组成的派别。以科布顿(Richard Cobden，1804—1865)与布莱特(John Bright，1811—1889)为代表。他们以曼彻斯特商会为核心，开展自由贸易运动，要求废除保护关税和谷物法等一切有关进出口贸易的人为障碍，来满足当时英国工业资产阶级的要求。

经过多年之后，也能够看到柯尔柏大力改革所取得的那种成效；那么，我们日本的政治经济就终究是不足一顾的。

听越路太夫的演唱

这以前我来大阪的时候，曾经在文乐座[①]听过义太夫派[②]的净琉璃，觉得极有趣味（我记得春太夫、古韧太夫[③]的名字）；因此便拉了旅馆老板到文乐座去听越路太夫的叫座名剧《合邦辻》[④]。他的声音的玲珑和曲调的优美，以及桐竹纹十郎和吉田玉造[⑤]操纵木偶技术的巧妙，比我十多年以前所听过的，要远远超出一万万倍。我本来爱好义太夫派净琉璃；然而特别爱好大阪的，而不喜欢东京的。把东京的义太夫派和大阪的相比，连一种儿戏也算不上。嗣后我又听过越路太夫演出《天神记》[⑥]中的寺院小学[⑦]的一场；听

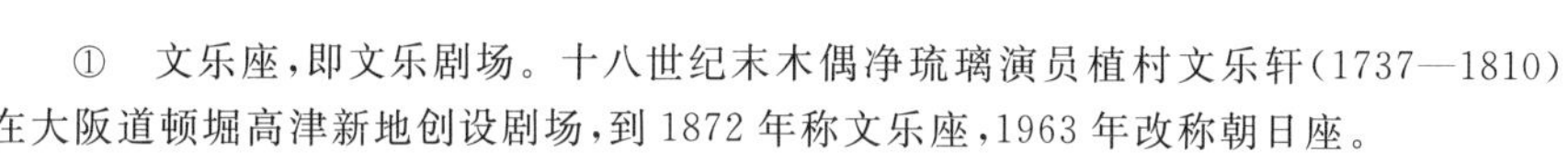

① 文乐座，即文乐剧场。十八世纪末木偶净琉璃演员植村文乐轩（1737—1810）在大阪道顿堀高津新地创设剧场，到1872年称文乐座，1963年改称朝日座。

② 义太夫派：指元禄时代（1688—1704）由竹本义太夫（1651—1714）创始的一种近代化的净琉璃（即说唱曲艺，类似于中国的“评弹”）流派。这种净琉璃，通常由演员在三弦琴师的伴奏下演出。木偶净琉璃则由演员操纵木偶配合说唱进行表演。

③ 春太夫，即竹本春太夫，指竹本摄津大掾（1836—1917）明治时代著名的净琉璃太夫，第六代春太夫。古韧太夫，即丰竹古韧太夫（？—1878）明治时代与竹本摄津大掾齐名的净琉璃太夫。

④ 越路太夫，指竹本越路太夫三世（1864—1924）明治以来著名的净琉璃太夫。

《合邦辻》，即《摄州合邦辻》，是菅专助和若竹笛躬1774年合写的一个剧本。描写的是一个叫做合邦辻的妇人的爱情故事。

⑤ 桐竹纹十郎，义太夫派净琉璃中操纵木偶的著名演员，这里指的是二世（1847—1910）。

古田玉造，明治时代木偶净琉璃的演员。

⑥ 《天神记》即《菅原传授手习鉴》，是著名剧作家近松门左卫门（1653—1724）创作的剧本，描写菅原道真（845—903）遭受藤原时平诬陷而遇救的故事。

⑦ 寺院小学，原作“寺子屋”，因江户时代小学一般设在寺院中，故名。这是近松门左卫门原作《天神记》中的一场，剧情写的是藤原时平要杀害菅原道真在寺院小学读书的儿子，而松王同情菅原，为搭救菅原的儿子而用自己的孩子顶替的故事。

过吕太夫装扮平右卫门，津太夫[①]装扮由良之助，越路太夫装扮阿轻，演出《忠臣藏》[②]第七场的所谓谈判；以及越路太夫装扮户无赖演出《忠臣藏》第九场的“和阿石的对答”。另外又在明乐座听过大隅太夫[③]演出《义经千本樱》[④]中的醋鱼饭馆的一场。此后，到四月二十日，因为妻来，又一道去文乐座。嗣后没有好久又去听过。所以这个净琉璃《忠臣藏》，妻子听过两次，我听过三次；不仅不觉得厌烦，并且越听越觉得有趣味；这就证明它的巧妙了。因为津太夫的相貌，和他深沉的声音，以及庄重而潇洒的风度等，真正能够使听众想象出大石内藏之助这个食禄一千五百石的赤穗城城主的品质；吕太夫擅长关东方言[⑤]，又具有坦率和豪侠的品格，就像平右卫门本人一样。至于说到越路太夫的优美的声音和婀娜的曲调，

① 吕太夫，即丰竹吕太夫，净琉璃太夫。津太夫，即竹本津太夫，净琉璃太夫，1885年第一次在文乐座演出。即津太夫三世（1869—1941）。

② 《忠臣藏》，即《假名手本忠臣藏》（意为忠臣模范大石内藏之助），是竹田出云（？—1747）、三好松洛（1669—？）和并木宗辅（1695—1751）共同创作的日本三大名剧之一。剧本写的是赤穗浪士复仇的故事。本书提到的第七场叫做“一力茶楼”，第九场叫做“山科闲居”。上面提到的大星由良之助，即影射赤穗浪士首领大石内藏之助（即大石良雄），平右卫门和阿轻都是剧中人物。

③ 大隅太夫，即竹本大隅太夫，指三世（1854—1913）明治时代著名的义太夫派净琉璃太夫。

④ 《义经千本樱》，也是竹田、三好和并木共同创作的日本三大名剧之一。写的是源义经（1159—1189，平安后期的武将）被迫逃往吉野山，其爱妾静御前跟着同逃的故事。千本是吉野山的名胜，又是著名的樱花产地。《义经千本樱》，就是源义经与最美丽的樱花的意思。全剧共四幕，“醋鱼饭馆”是第三幕的第二场。

⑤ 日本著名语言学家东条操所著《日本方言学》关于日本语方言的划分，一般认为是最权威的提法，即分为东部方言、西部方言和九州方言三个方言区。关东方言是东部方言区中的一种，包括东京、神奈川、茨城、千叶、埼玉、群马、栃木等县。因伊势的铃鹿、美浓的不破和越前的爱发是日本古代的所谓三关，以上各县均在这三关之东，一般称为关东。

那么，谁还能把阿轻表演得这样逼真呢？这真可以说是戏曲界的一大壮观！我既然三次接触了这个大壮观，“一年半”就绝不是短促的。孔夫子不是说过吗？“朝闻道，夕死可矣。”①

话虽这么说，所谓一年半也就慢慢地接近了。假使一点也没有发展，那就不是一年半，而将是不老不死了。由于我喉头的肿块逐渐扩大，呼吸感觉急促，夜间不能安眠，于是去和堀内医生商量。这时，由于妻子和朋友的劝说，我想回东京去一趟，然后再来大阪。堀内一听诊就说，这很危险，假使照目前这个样子去坐火车，途中一定会发生窒息。要防止窒息，只有切开气管的一个办法。这种手术很简单，方法是在气管的适当地方穿孔，再插入银管，以备呼吸。只是妻却犹疑不决，打了急电把我的内弟医学博士浅川范彦叫来商量。范彦的意见当然和堀内一样，并且和当地传染病研究所的石神所长共同担任见证人。我于五月二十六日在堀内医院施行了切开手术，并且在该院对面的浅尾家租了一间房子，进行疗养。

只有切开气管的一个办法

浅尾的住宅在今桥一丁目，面对东横堀，右边是高丽桥，左边是筑地桥。再前面，也就是在它的东边，天神桥屹然耸立。夜间，沿河两岸的灯火倒映在水中，使人恍然觉得住在纯粹的水城里一样。于是堀内院长每天到这里来诊治创口。我听从医生的嘱咐，仰卧不动。那种切开气管术，无疑是一种小手术，然而手术毕竟是手术，起初，觉得相当疼痛。此后，每逢咳嗽，痰不从口出，而从胸出。声音也完全喑哑，丝毫没有反响，只有紧紧靠拢，才便于谈话。

果然成了残废人

① 《论语·里仁篇》。

我果然成了一个残废人。而这又不是彻底治疗,不过是在迎接那一年半的期间,预防窒息而死罢了。

切开气管的消息传到了东京和大阪一带以后,每天陆续不绝地有书信寄来,询问施行手术以后的经过情形。我让妻回信,说是经过极其良好。社会上的人们,大多不懂得癌症施行切开气管手术是怎么一回事,许多人当即认为是彻底切除,又写信来大加祝贺。所谓一年半的含义只有我和妻子知道。在由东京寄来的书信中,有我两个孩子的明信片或信件,略称父亲大人的病日益康复云云。我是他们的父亲,在这种情形下,不能不姑且拿出斯多噶派哲学的功夫,以资自卫,否则人们也就成了愚蠢的动物啦! 哈哈!

要一点哲学功夫

出乎我预先的忧虑之外,我妻极其理智,在这一年半的时期中,绝不诉苦。看来她完全领会了我的意图,务求使目前快乐,以便自己安慰自己。我现在虽说住在这个病院里,却照常快活,宛如正在温泉地区疗养一样。日子在不知不觉之间过去了,创口也在这个期间痊愈了,只是咳嗽还没有消除。因此我于六月十八日出院,又回到了中之岛小塚旅馆。

在温泉地区疗养

在这以前,我没有进医院的时候,曾经带妻到堀江市的明乐座去听过大隅太夫的净琉璃。这是妻第一次听大隅太夫的演出。据说大隅太夫是已故著名艺人春太夫的徒弟,春太夫去世以后,拜他的三弦琴师、被誉为古今无双的丰泽团平[1]为师,运用丰泽团平的妙入化境的三弦琴指挥同台的演员,能够自然地充分表现出已故

丰泽团平和大隅太夫

① 丰泽团平,净琉璃义太夫派的三弦琴师。指丰泽团平二世(1827—1898)。

的春太夫的音节的奥妙。尤其近来流行的《壶坂寺》[①]，实际是丰泽团平创始的，由于传授给了大隅太夫，所以现在几乎可以说是大隅太夫所垄断的艺术。我一出医院回到小塚旅馆，就听说明乐座已经贴出《三十三处显圣记》的戏目单，《壶坂寺》的一场，决定由大隅太夫说唱，天天客满。

这样看来，《壶坂寺》这一场，可以说是大隅太夫的拿手好戏，因此天天客满。我一定非去看看不可。于是有一天，我和妻子同去。那个明乐座，无论就木偶来说，或就操纵木偶的技术来说，终究赶不上文乐座那样巧妙。除此而外，就道具说，也全都赶不上文乐座。然而到了下午二三时以后，听众陆续不断的蜂拥而来，竟然使剧场拥挤得无立锥之地。这是因为，这些人完全看不上大隅太夫出台以前的那些演员，而只是为了听大隅太夫一个人的戏，才这样拥挤不堪地前来的缘故。就这一点看来，可以说，只靠大隅太夫一个人，就能够和文乐座唱对台戏。

大隅太夫的《壶坂寺》

《三十三处显圣记》依次一场一场地说唱完毕，最后轮到了《壶坂寺》的一场。序幕是在春太夫的遗像前说唱，然后大隅太夫晃着那个像相扑大力士一样的肥大身体出现在舞台上，随即唱出他那著名的法师歌："梦若浮世？还是浮世如梦？"余音袅袅，欲绝而未绝。那个泽市和阿里的故事，简直就像真人出现在舞台上，而没有大隅太夫在场一样。啊！艺术达到了这样神妙的境界！这是净琉璃吗？这是绘声绘色的相声吗？这是真刀真枪的武戏吗？他人的

艺术达到了这样神妙的境界

① 《壶坂寺》，木偶净琉璃脚本之一。作者不详，由丰泽团平二世及其妻加古千贺修订、作曲。剧情写的是盲人泽市的妻子阿里与丈夫同生共死的爱情故事。

净琉璃就是净琉璃；而大隅太夫的净琉璃却是活生生的真事。并且绝对没有为博得鼓掌喝彩而矫揉造作的地方。那种只是自己说唱，自己研究，自己欣赏，自己快乐的态度，真正是达到了高尚优美的境界，终究不是其他那些庸庸碌碌之辈所能够比拟的。啊！他就是这一门艺术的大师呀！

星亨和伊庭想太郎

六月二十一日晚上，送来了《朝日新闻》的号外，说是今天下午三时，星亨在东京市会被伊庭某行刺，当场死去。我也很震惊。从这时起，到二十六日葬礼完毕时为止，东京和大阪的报纸，每天都用头两版的篇幅，报道星亨遇刺事件的详细情形。这就是所谓举国如狂吧？为什么我们日本人轻浮而缺乏庄重的态度呢？活着的星亨，是拦路抢劫的盗贼；死了的星亨，成了伟人和豪杰。是非和毁誉的无常，竟然达到了这样的地步。我和伊庭某有过一面之交，他的名字叫做想太郎，是一个极其温厚、庄重的人。而他做出了这种事情，这不能说是没有缘故的。不过暗杀这件事情本身是好是坏，这是不言而喻的。按照刑法杀人，尚且大有可以讨论的地方，所以各国流行废除死刑的主张，何况是个人之间的互相杀戮呢？

暗杀是必要的

因此，暗杀是没有是非可说的。只是一个国家的社会果真发生了必需暗杀的情况，这就是很可悲的了。有人也许凭借权势，无所忌惮地横行霸道，即使胡作非为，罪行昭著，而法律方面没有捕捉加以公正制裁。他自己有恃无恐，毫无顾忌。于是那些侠义和英雄的人们，激于义愤，为全国人民起来把他杀掉。这实在是时势所迫。我相信，伊庭的事件大概就是这个情况。如果更进一步讨论一下这种情况，那么，到了将来文化大大发展，法律失掉作用，只有道德独自发生作用，换句话说，全国的人都成了君子的时候，不知道会怎么样，但至少在社会制裁力量万一变弱的时代，是否可以说，暗杀对于惩戒罪恶和防止祸害是必要而不可缺少的呢？

社会上又有一种可以叫做时髦派的人们，为了想表示自己是个文明人的缘故，对于被害人滥表同情，曲意加以赞扬和谄媚，贸然把加害人看做凶犯，借以夸耀自己是个文明和温和的人。假使问问他们的内心感情，却可以发现，很多人恰恰与此相反，心中暗暗觉得这件事情做得痛快。这个社会是多么虚伪啊！教育事业，主要应该从根本上加以改革。

时髦派的虚伪

六月二十九日，在东京文部省，分别把法、文、理、医各科博士的称号，授给了三十多人，我的内弟浅川范彦也得到了医学博士的称号。范彦专心好学，没有人能够赶得上他，早就得到了北里柴三郎和后藤昌文[①]这些医学大家的赏识。他开始到东京求学的时候，在我家住了几个月。我对他说，大丈夫既然研究一门科学，一定要有若干创见，以便对社会和后世作出贡献。例如牛顿发现万有引力，拉瓦锡发现氧，这真正是成绩辉煌，有目共睹，有耳共闻的。否则，只在书本上学习，头脑里面只记得古人说过的一些话，那就像绸缎铺的流水账，算得什么学士呢？算得什么博士呢？大丈夫一旦诞生在这个地球上，就一定应该在这里留下一个巨大的脚印。范彦深切地承认我说得对。这次他所以得到博士的学位，正是因为在细菌学方面有了巨大的创见的缘故。哈哈！范彦果然不是绸缎铺的流水账！

浅川范彦不是绸缎铺的流水账

① 北里柴三郎（1852—1931），日本著名的细菌学家。后藤昌文，明治时代的麻风病医生。

一个人为什么能够富有创见呢？这固然由于他在学术上有特殊的成就；但是也必定由于他的认真。像牛顿、拉瓦锡那些人，都是极其正直的人，极其认真的人。有人问牛顿，为什么能够有那样伟大的发现？牛顿回答说，我只是坚持不懈地思考，所以取得的。从这里不是可以想见他是一个具有什么样的胸襟和态度的人吗？这难道是那些只有些微的才识和浅薄的学问，像俗话所说的狡猾的和厚颜无耻的小人之辈所能赶得上的吗？现在日本的中产阶级以上的人物，都是狡猾的标本，厚颜无耻的小人的典型。近年以来，严肃认真而不是狡猾的或厚颜无耻的小人，我只看到两个人，一个叫做井上毅，一个叫做白根专一[①]，现在都去世了。

井上毅、白根专一现在都去世了

请看看古今东西的历史！开国的人都是严肃认真的；败国的人和亡国的人都是不严肃的。且不说希腊和罗马的末年，请看看1780年大革命以前的法国，人们是多么不严肃啊！一遇见政府或社会发生了一个事件或一次战争，都要给它加上一个绰号，加以诟骂。横行到了极点，就有天下古今最悲惨和最滑稽的罗伯斯比尔[②]这一伙人出现，把这些不严肃的人们一概捕杀净尽而后罢休。社会事物的逻辑这样历历不爽，实在可怕。

罗伯斯比尔将要出现

日本没有哲学

我们日本从古代到现在，一直没有哲学。本居宣长和平田笃胤[③]这些人，只是发掘古代陵墓，研究古代语言文字的一种考古学

---

① 井上毅（1844—1895），明治时代的政治家。白根专一（1849—1898），明治时代的政治家。

② 罗伯斯比尔（Maximilien de Robespierre，1758—1794），法国政治家，雅各宾派领袖。

③ 本居宣长（1730—1801），江户后期的国学家。平田笃胤（1776—1843），江户后期的国学家。

家，茫茫然不懂得宇宙和人生的道理；伊藤仁斋和荻生徂徕[①]这些人，有时也就经书的注解，提出了新的意见，而归根结底只能够算是经学家；佛教僧侣方面，固然不是没有人发挥创造性，完成了开山成佛的功果，然而这终究是属于宗教家的范围，而不是纯粹的哲学。近来有加藤某和井上某[②]，自己标榜是哲学家；社会上也许有人承认，而实际上却不过是把自己从西方某些人所学到的论点和学说照样传入日本。这是所谓囫囵吞枣，而不配叫做哲学家。哲学固然不一定有显著的功效可以让人看见或听见，也就是说，哲学对于贸易的顺差逆差，银根的松紧，工商业的发展与否等等，好像没有什么关系；然而国家没有哲学，恰像客厅没有字画一样，不免降低了这个国家的品格和地位。康德和笛卡尔实在是德、法两国的荣耀，是两国客厅的字画，对于两国人民的品格和地位，自然不是没有关系的。这既是一个无足轻重的问题，而又不是一个无足轻重的问题。没有哲学的人民，不论做什么事情，都没有深沉和远大的抱负，而不免流于浅薄。

从海外各国的角度来观察日本人，日本人极其明白事理，很会顺应时代的必然趋势前进，绝对不抱顽固的态度。这就是日本历史上所以没有像西方各国那样，发生悲惨而愚蠢的宗教战争的缘故。就是明治维新的事业几乎是兵不血刃地完成了，三百个封建诸侯争先恐后地把土地和政权上缴给皇室，而没有迟疑的缘故。

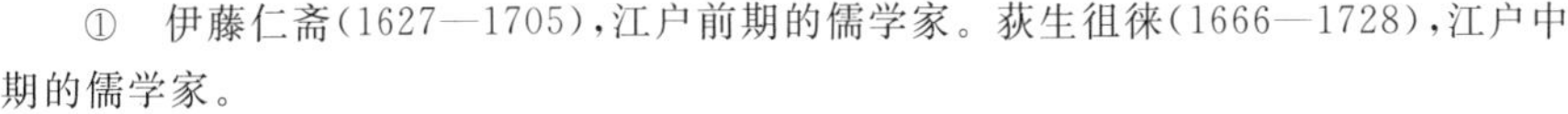

① 伊藤仁斋（1627—1705），江户前期的儒学家。荻生徂徕（1666—1728），江户中期的儒学家。

② 加藤某指加藤弘之（1836—1916），明治时代的哲学家，官僚学者。井上某指井上哲次郎（1855—1944），明治时代的唯心主义哲学家。

一切病根都在这里

也就是一下子把从来的风俗习惯，都改为西方的风俗习惯，而绝对不加以留恋的缘故。然而他们浮躁和轻薄的重大病根，也就正在这里。他们意志薄弱，缺少魄力的重大病根，也就正在这里。他们没有独创的哲学，在政治方面没有主义，在党派斗争方面不能够坚持下去，其原因实际就在这里。这就是他们所以有一种小聪明，小机智，而不适宜于建立伟大事业的缘故。他们是常识极其丰富的人民。但终究不能期望他们超出常识以上。唯一重要的事情就是赶快从根本上改革教育，努力培养活跃的人民而不是死板的学者。

处理国务的两大方针

应该在大体上照常维持日本目前的现状，逐渐加以改良，稳步前进呢？还是应该赶快实行重大的改革，造成一个欧洲式的国家呢？这是现在执掌国家政权的人在思想上必须首先决定的问题。这个问题，终究是那些感到预算不敷，受着议会牵制，竭力促进内阁团结，而丝毫不能顾及其他的侯爵和伯爵们，连做梦也不会想到的。

世界上的罗马尼亚

我不想谈东方大陆的事情，因为事情涉及外交问题，并且处在目前的情况下，需要不言而行。只是我们日本正应该省悟自己的天职是什么，应该考虑自己百年后的命运如何。如果不变成世界上的罗马尼亚，那就是幸事。

迁居堺市

七月四日，离开大阪中之岛小塚旅馆，和妻同往堺市。在这以前，我曾经在去年即明治三十三(1900)年的春天，接受堺市朋友某某等和工程师大上某的邀请，来过大阪。大上多年来煞费苦心，辛辛苦苦研究炼焦事业，取得了良好的成绩。为了创办炼焦事业，想向炮兵工厂请求作进一步的化学试验。我因为素来和厂长太田某很有交情，从中替大上介绍。试验的成绩极其良好，同人皆大欢喜。嗣后在堺市的市之町设立办事处，准备组织无限公司或联合公司。到了现在，大上等劝我到他们的办事处去养病。我因为已经在小塚旅馆住得很久，略有厌倦之感，立即听从堺市友人的劝请，来到了办事处。房屋虽说不很大，而结构和建筑都整整齐齐，庭园颇为可观，空气极其清新。只凭这一点，就足以补偿其他一切而有余；何况主人大上以及其他共同经营炼焦事业的人士，都是态度潇洒的忠厚长者呢？

政友会的命运

星亨死了，政友会[①]不免有寂寞之感。然而政友会及其重要组成部分即自由党[②]，具有悠久的历史和巩固的地盘；他们在边沁的功利主义的实践方面深有所得，只是一味地追求升官发财，更不知人间有羞耻事。所以，今后无论如何也不会有分裂之类的忧虑。或许会有小的波澜，或许会有小的内讧，或许会有各个派系的竞争；可是政友会的力量，正在于它是一个大政党。假使发生分裂，对于双方都是有害无利的。所以即使发生内讧，如果到了千钧一发的关头，就会自然停止，双方都极力避害图利，不会有其他的念头；而社会上那些唯利是图的人们，必将逐渐趋附这个大党。无论如何，这个大党是不致会马上归于衰灭的。但是它的核心成员，上从大勋位[③]起，下至总务人员止，都是一些没有魄力，没有志气的

① 政友会：即立宪政友会，日本政治史上占有重要地位的两大政党之一。明治三十三(1900)年伊藤博文与西园寺公望，原敬等宪政党和部分官僚为主体组织的政党。从大正到昭和初期曾五次组阁，昭和十五(1940)年解散。

② 自由党：日本最早的政党之一。明治十四年组织，前身是国会期成有志公会。首脑是坂垣退助。后曾解散，又由板垣、大井宪太郎重新组织，1898年与进步党联合组织宪政党，1900年与政友会合并。

③ 大勋位是日本国家授给的荣誉，一般指勋位在一等以上(明治时代，勋位一般分为一至八等)的日本最高的勋位。这里指伊藤博文。

家伙；所以只是蠢然互相摩擦，昏昏然虚度岁月，既无益于国家，也不会为自己取得多大的利益，过很久以后，就会烟消云散的。啊！这就是政友会的命运。“其或继周者，虽百世可知也。”[①]孔夫子是不会欺骗我们的。

伊藤侯爵是蹩脚的钓者

伊藤博文大勋位，诚然是一位风度翩翩的秀才，在汉学方面，他只有做歪诗的本领；在洋学方面，他只有背诵目录的水平；这就已经足以大大超过其他元老，而使他们没有话说；加之口若悬河，很能够一时把人们弄得糊里糊涂。然而这不过是秘书的才干，是翰林的能力，而不是宰相的资质。因此往往先后在法律制度方面做出了若干成绩，到了担任总理大臣的时候，就只有失败，而没有丝毫成绩，可知他不是那种器材。所以就侯爵在总理任内所想做的事情看来，恰像一个蹩脚的钓者。要等到小船、钓竿、食饵、丝线，万事齐备，才肯下钓，而一尾鱼也钓不到。有名的刷新行政和整理财政的措施，不都是蹩脚的垂钓吗？假使用一句话加以论断，那就是野心有余，而胆识不足。假使只担任内阁秘书长，那真正是把他摆在适当的位置上。

早稻田伯爵可爱

早稻田伯爵[②]是个豪爽可爱的人，但也不是宰相的器材。富有小聪明而缺乏长远的考虑，所以做了一百件失败的，而没有做过一件成功的事情。倘若让他在民间做投机商，那就真正能够充分发挥他的才能。他大概只是系平和阿部彦[③]那样的人物。

---

① 《论语·为政篇》。

② 早稻田伯爵：意指大隈重信。

③ 系平，疑指伊藤忠兵卫（1842—1903），明治时代的实业家。待考。阿部彦，即阿部彦太郎（1840—1904），明治时代的实业家。

山县有朋小有慧黠，松方正义[1]糊涂透顶，西乡从道[2]胆怯懦弱；其余的元老，不值一提。假使伊藤博文以下的元老都早一天死去，便可以早一天对国家有好处。

其余的元老不值一提

自由党完全丢掉它那抑郁、困顿、流离、艰难的历史，把自己送给伊藤博文，一点也不尊重自己，爱惜自己。然而所谓伊藤博文是个什么人呢？假使想到，他正是往年使自由党陷入抑郁、困顿、流离、艰难境地的罪魁祸首，正是自由党的宿敌，我们就不能不佩服自由党诸公的度量；可是拿男子汉的气节怎么办呢？他们唯利是图，所以无所不为。因此，他们的度量是那种在酒肉筵前，忍受财主调戏的帮闲[3]的度量。

自由党的宽宏大量

进步党像自由党一样没有主义，没有政纲；可是远远赶不上自由党的厚脸皮。这就是它所以着着落伍的缘故。自由党首先和政府携手，而进步党居后；自由党首先高唱积极，而进步党居后。它知道那是问心有愧的，所以犹豫不决，事事落后。然而它对国家没有贡献，是和自由党一样的；对政治和社会有损害，是和自由党一样的。

进步党的落伍

自由党几乎是拿没有主义和没有政纲来自我标榜，而并不隐讳竭力追求升官发财。同样地它自我夸耀，扬扬得意，所以不怀恨旧日的仇敌，不轻视新来的伙伴。这就是它所以充分发展成为庞然大物的缘故。它扩张得越发庞大，伤风败俗也越发厉害。这是不能够持久的。伊藤博文侯爵想拿那么一篇无足轻重的宣言去矫正自由

① 松方正义（1835—1924），明治时代的政治家。

② 西乡从道（1843—1902），明治时代的军人，政治家。

③ 帮闲：指奉侍酒宴的男娼和艺伎。

实行宣言是远比释迦牟尼和孔子高明的人所做的事情

党的流弊,可以说是太不自量力了。侯爵现在完全变成了自由党的老头子了,看来能够彻底矫正今天的自由党,使它走上正路的一定是远比释迦牟尼和孔子高明的人。为今之计,只有另外创立一个政党,收揽天下人心,激发全国人民的正义精神,最后推翻整个自由党,使它在政治上完全破产。他们那样腐败,再也无法挽救了。

遗憾的是没有这种人才

进步党还有羞耻心;所以以自己没有主义为耻,而要做到有主义;以贪图私利为耻,而要主持正义。假使得到适当的领袖人才,也许能够成为真正的政党吧。

吉田玉造和桐竹纹十郎的木偶

设在御灵神社的文乐座,早就罗致了很多操纵木偶的演员。目前吉田玉造操纵的男角,桐竹纹十郎操纵的坤角,都是杰出的艺术。吉田玉造的男角并且有些像市川团十郎,桐竹纹十郎的坤角并且有些像尾上菊五郎,像坂本秀调[①],甚至大大超过了他们。到了精神焕发,双手飞舞,极其得意的时候,除了木偶而外,绝对看不见操纵的演员。木偶就是活人,就是演员。啊!艺术达到了化境。

文乐的三绝

吉田玉造和桐竹纹十郎的木偶,津太夫和越路太夫的净琉璃,丰泽广助和野泽吉兵卫[②]的三弦琴,他们的艺术技巧真正达到了神妙的境地,就是所谓三绝。这就是文乐座的狂言[③]所以能够在全国占居首位的缘故。

津太夫

津太夫的声音很低,坐在七八排后面的听众,恐怕连一句也听不见,只看见嘴唇在动,表情在变化;然而津太夫一旦在舞台上出

---

① 市川团十郎,指九世(1838—1903)明治时代歌舞伎演员。尾上菊五郎,指五世(1844—1903)明治时代歌舞伎演员。坂本秀调(1848—1901),明治时代歌舞伎演员。

② 丰泽广助,义太夫派净琉璃的三弦琴师。野泽吉兵卫,义太夫派三弦琴师。

③ 狂言:即能狂言,是在“能乐”幕间所演的一种滑稽剧。

现，满座立即肃静，没有一个人敢喧哗吵闹。因为太夫是用意气和精神说唱，听众也用意气和精神聆听。假使坐在二、三排的地方，仔细倾听的时候，那么，他的音节的微妙而高雅，态度的出于自然而丝毫没有勉强做作，可以说是老练已极；可以说是经过了雕琢，而又恢复了天然美质的玉石。

越路太夫的声音的美，曲调的巧，真正是盖世无双。津太夫及吕太夫和吉田玉造的男角木偶互相配合，越路太夫和桐竹纹十郎的坤角木偶互相配合，双方都能够达到神妙的极境，都是超群绝伦的艺术。

丰泽广助、野泽吉兵卫

丰泽团平死后，三弦琴界不免寂寞。丰泽广助和野泽吉兵卫，都是已具规模而尚未充分长成的琴师。

滨寺的风景

堺市滨寺[①]的风景很好。海边到处长着松树，可以随意在树下散步乘凉，很像须磨及东海道沿线的平塚[②]。海边的沙洲上有一家酒楼兼营旅馆，名叫一力楼。结构和建筑，很是宏大和雄壮。靠着栏杆眺望，在水天一线之际，能望见神户和淡路。一天晚上，我同妻步行到海边的沙洲上，正遇着天要下雨。黑云遮蔽着西方，波涛冲击着海岸。像万马奔腾的声音，使人有时精神雄壮，有时心情悲哀。我已经得了不治之症，受到所谓一年半的宣判。妻日夜在我的身边照顾，辛苦地操劳汤药和饮食，这不是期望根本治好疾病，仅仅是等候死期。我是一个男子汉，并且是一个读了不少书，懂得理义的人，病中又有自得其乐之处，以致经常忘记了自己害着

① 滨寺，在堺市以南，滨临大阪湾。有滨寺公园，是一个风光明媚的游览胜地。

② 须磨，位于神户市西部的南海岸，滨临白砂青松的须磨浦，隔明石海峡与淡路岛相对。是古来的风景胜地。平塚是神奈川县南部的小城市。

欲填沟壑惟疏放、自笑狂夫老更狂[1]

大病。至于像妻这样的妇女，近来虽说很受到我的感染，懂得目前求得快乐的方法，然而不能够像我这样悠然自得；这是很自然的道理。我本来不会治理财产，家中有负债而没有财产，而又得了这种重病，要说悲惨，也真悲惨。这天晚上，我笑着对妻说，你年纪已经四十多岁，我死了以后，已没有希望再改嫁，同我一起投水，马上到平安无事的地方去，好不好呢？两人相对大笑。在路上买了一个南瓜和一筐杏子回到寓所，时间正是晚上九点。

自杀论

我不是反对自杀的人。只是觉得：在犯了违背道德和人情的严重罪行以后，自己悔恨，而不知道如何是好的时候，自杀寻死，借以忏悔罪过，像这样的自杀，就不一定是坏事。至于为了金钱，疾病等原因而悲观失望，企图自杀，那就只是过分懒惰和脆弱。况且像疾病卧床这一类的事情，其中也不是没有自得其乐的地方。例如我记述一年半的情况正是这样。

死后是永劫

一个人假使七八十岁后才死，可以说是长寿。然而死亡以后，却是永远无限的劫数。假使以七八十年去和无限作比较，那是多么短促啊！于是乎不能不把彭祖[1]看做夭折，把武内宿祢[3]看做短命。

庄周也还未能说出

孩子出生，从他刚刚生下的那一瞬间起，就是慢慢地在死去。为什么呢？因为如果是朝着最长的七八十岁的寿命前进，而没有片刻停止，这就可以说是慢慢地在死去。这样说有什么不可以呢？

（一九〇一年七月十一日脱稿于堺市）

---

① 见杜甫所作《狂夫》诗。

② 彭祖：中国古代的传说人物，传说他是尧的大臣，活到殷代末年，约七百多岁。

③ 武内宿祢：日本古代的传说人物。传说他是大和朝廷初期的人物，担任过四代天皇的大臣，活了二百四十多岁。

第 二 章

权略,这绝不是坏字眼。哪怕是圣贤,假使要想把事情做成功,那就一定不可不讲权略。所谓权略,就是手段,就是权宜之计。但是权略可以用来对事,而不可以用来对人。正直和奸邪的分别,仅仅在这一点上。例如大石良雄起初唱道,要背城一战,接着唱,要尽忠死节;到了最后才吐露真情,高唱要报仇雪恨;这就是所谓用权略去对事。又如日本战国时代的织田信长①和明智光秀②这一类人,动辄假装和敌人讲和,引诱敌方的将官,而暗中设立埋伏,加以包围和杀害;这就是所谓用权术去对人,这本来是可憎可恶的!用权略去对事,多多益善。把事情做成功的关键,正是在这里。这大概可以叫做方法和步骤吧。

权略不是坏字眼

法国的黎塞留③、柯尔柏、梯也尔④,英国的皮特⑤、皮尔⑥、格莱斯顿⑦,德国的俾斯麦,意大利的加富尔⑧,中国的诸葛亮、曾国

谁是大政治家

---

① 织田信长(1534—1582),战国时代的武将。

② 明智光秀(1526—1582),战国时代的武将。

③ 黎塞留(Armand Jean du Plessis, Duc de Richelieu, 1585—1642),法国政治家。

④ 梯也尔(Louis Adolphe Thiers,1797—1877),法国的政治家,历史学家。

⑤ 皮特,英国政治家,同名者有两人,大皮特(W. 1st Earl of Chatham Pitt,1708—1778);小皮特(W. Pitt,1759—1806)。

⑥ 皮尔(Sir Robert Peel,1788—1850),英国保守党创始人,自由贸易倡导者。

⑦ 格莱斯顿(W. E. Gladstone,1809—1898),英国政治家。

⑧ 加富尔(C. B. Cavour,1810—1861),意大利的政治家。

藩，日本的德川家康[①]、大久保利通[②]，这些人都叫做大政治家。现在的五等爵位的那一伙，不过是太阳底下的半明半灭的残火罢了。

大政治家的所作所为

大政治家的所作所为，有一定的方向，有不可更动的步骤，有正大光明的风格。他所说的，就是他所做的。现在的那位先生[③]，徒劳的张罗和自我吹嘘过多，到做的时候比转瞬即逝的幽灵的足迹还不如；而据说那位先生却暗中把自己比作俾斯麦，比作加富尔。哈哈！假使将来在阴间遇着这两个人，有什么脸面见人呀。

大政治家是真挚的

大政治家，都有兢兢业业的心情，抱着小心翼翼的态度，因为他们的内心感情是真挚的。而不像那位先生那样，公然玩弄漂亮的女人，狂饮美酒，拉拢浮华和轻薄的幕僚，爱说豪言壮语。只要遇着一两个人和他对抗，就心灰意冷，唯恐不能够早一点溜掉。哈哈！

摊贩和零售商这一类人

出口超额，进口减少，硬通货流入，物价低落，人们动辄说，情况良好，情况良好。摊贩和零售商这一类人，销售常常很多，买进常常很少；这是因为缺乏资金的缘故。一个国家，情况也是如此。只是因为进口几乎等于零。硬通货的流入，只是因为购买力枯竭，仅仅能够做销售生意。国家的贫富，在于物质生产力的大小如何。日本现在的祸害，不在于缺乏货币，而在于生产力的低下。这是政治家应该注意的地方。

制造业的困难

制造业是极其困难的。假使做不到物美价廉，就不能肯定在市场上取胜。要想达到物美价廉，除了依靠科学以外，没有其他办法。于是乎非设法普及科学技术不可。但即使做到物美价廉，也

① 德川家康（1542—1616），江户幕府的第一代将军。
② 大久保利通（1830—1878），幕末、明治初期的政治家。
③ 指伊藤博文。

未必能在市场上取胜，一定要迎合消费者的喜好才行。于是乎非熟悉销售地区的人情、风尚不可。像这样的事情，终究不是那些侥幸取得意外利益的股东老板们所能够充分做到的。

出口业的困难

由于这个缘故，出口业同进口业相比，困难大些。因而政府对于出口业商人，应该好好地规定适当的保护和奖励的办法，加以辅助。至于进口业，却是以我们日本人做对象；本来熟悉他们的喜好，也同样了解他们的需要，所以几乎是百发百中，而绝对不愁失败。这就是像我们日本这样的商业不发达的国家，所以进口业商人多，而出口业商人少的原因。政府当局必须了解这一点。

百年大计别有所在

政府方面，近年所宣传的缓办事业，用公债支付的事业，固然都是适应目前局势的紧急而重要的措施。然而这本来是出于万不得已，几乎用不着再加考虑的。至于国家的百年大计，当然别有所在，当局应该加以注意。所谓百年大计是什么呢？我说，那就是上面所说的提高生产力这一件事情。

腐化堕落有什么奇怪

衣食足而知荣辱。小康人家以下的人，都是这样。近来我们日本上下所以变得人情浮华和轻薄，甚至腐化堕落，归根结底，没有不是因为人人都缺乏钞票，连自己所需要的十分之几也不能够满足的缘故。那种处在贫困的环境而不做坏事的人，不过是千百人中的一个。

文学上的战国时代

现在我们日本的文学，几乎有些像战国时代群雄割据的局面一样：有仿汉文体①，有翻译（欧化）体，有言文一致体，有敬语体②，

① 仿汉文体：即把汉文按日本语读法书写或阅读的一种文体。

② 敬语体，也可以叫做侍从体。

有各种混用体。看来,这些文体各有长短。要想表现崇重典雅的风格,或描写慷慨悲壮的情况,以仿汉文体最为适当;要想达到委婉细腻,和充分透彻的目的,以翻译体或言文一致体为最好;要发挥优美的色彩,却是敬语体的专长。所以这些文体,今后虽说也有某个文体会有兴盛和衰落;但是不会有一个文体趋于消灭。再就文字方面说,有汉字;假名里面,又有平假名,有片假名,有万叶假名[①]。文字这样杂乱,恐怕从古到今,无论哪一个国家,都是没有先例的。于是乎出现了文字改革的主张。我以为假使现在掌权的人,有俄国沙皇亚历山大二世那样的果断去处理这个问题,那么罗马字母[②]是最便利的。采用罗马字母的方法,是首先编辑大、中和小型字典;其次用罗马字母拼写岩谷小波[③]的童话之类的读物,作为小学的辅助课本,同时用罗马字母拼写一两种其他适当的书籍,作为中学、大学的辅助课本,借以使学生练习纯熟。假使这样进行,最后连政府的公文和布告也采用罗马字母,那么,久而久之,就能够使文字为之一变。但是如果想这样统一文字,那么,文体也非统一不可。到了那个时候,只有言文一致体是适当的;因为欧美各国,即采用罗马字母的各国文字,都是采用这种文体。

日本人过着两种生活

我曾经在一家报纸上发表过文章,说我们日本人既过着本国式的生活,又过着欧美式的生活,一个人过着两种生活,同外国人

① 日本古代没有文字。汉字传入日本后,日本人假借汉字标注日本语,因最早见于《万叶集》,故称万叶假名。平假名和片假名分别是利用汉字的草书和部首创造的日文字母。

② 罗马字母,指日本文字的拉丁化。最早是1869年由南部义筹在《修国语论》中提出的。

③ 岩谷小波(1870—1933),明治、大正时期的小说家,童话作家。

相比必须增加一倍的生产力。这话是什么意思呢？我说：日本人既穿着羽织裤[①]，又穿着燕尾服；既吸旱烟袋，又拿着烟斗；住宅既设有书斋和茶室，而另一边又设有摆着大餐桌的西洋式房间。其他，像这一类的事情是不胜枚举的。这好像是小事情，而实际上不然，对于整个国家的经济，具有极其重大的关系。拥有五等爵位的大政治家，他们为什么没有注意到这个问题呢？

烧成灰让风吹走

坟地一天天扩大，一月月扩大，侵占了极大量的住宅地、耕地，以及一切生产用地。看看东京市的谷中和青山的公墓，就可以了解这种情形。虽说这中间也有年长月久，毁旧代新，能够互相抵消的地方；然而总的趋势，是有增无减。我希望制定法律，规定一律火葬，除了各人带回去的骨灰以外，其余的骨头和尸灰，都堆积在一起，每月定期丢到海里。至于各人举行祭祀，把遗骨供奉在家里，并且张贴照片、画像或油画等，对着它表示悲痛哀悼的诚意，不就充分表现孝子和贞女的心情而绰绰有余吗？何必用坟墓去表现呢？像那些替国家立了大功的人物，可以另外建立碑记，加以表彰。不值得一提的小人物，也要一一刊碑立石，那就太可笑了。

卜筮、看相、风角、巫祝

卜筮、看相、风角、巫祝，以及各种神佛符咒之类，对于人类社会的事业有极大的祸害，同时对于人类的精神和智慧也有极大的损害。应该逐渐设法经过若干时间的过渡，彻底加以禁止。其他如天理教[②]和金光教[③]等祭祀邪神之类的宗教，都应该按照这个例子，全部禁止。

① 羽织裤是一种外套和裙裤，明治维新以来，一般用作礼服。

② 天理教：日本所谓神道十三派之一，1838年由中山美伎创立。

③ 金光教：日本所谓神道十三派之一，1855年由川手文次郎创立。

艺伎应该解放

艺伎以及一切饮食店的女招待，应该加以解放。她们伤风败俗，并且有传染花柳病的危险。就中，歌伎往往自己制造梅毒，而不只是传染。况且她们的职业本身，完全在于侍候酒席，为宴会助兴。官僚绅士之流把她们找来，一见面就加以猥亵、轻侮，而丝毫不用客气。这比应酬良家小姐太太，要自由放任些，一点也不受拘束，因而自然使小姐太太不得不排斥在男女社交之外。日本妇女所以不了解社交的趣味，就是因为有艺伎独占了男子的欢心的缘故。

娼妓，我希望加以保留。等到道德大大进步，现在的伪君子都变成真君子，现在的小人都变成柳下惠的时候，才可以废止。她们已经有了防止花柳病的设施，不至于发生像歌伎那样的危险。但是要把建筑妓院的方法完全加以改变，以免引诱那些本来没有意思嫖妓的人，那就可以了。像很远就可以听见音乐的那种情形，那是应该禁止的。

世界上没有比娼妓更重要的

设立妓院，本来是因为社会有缺陷，人心有弱点的缘故。人情中有一部分，是要想加以克制也克制不了的。那种克制不了的人情，就是世界上比什么都重要的东西。所以尽管那些伪君子喧嚣地攻击娼妓的危害；政府也不仔细考虑，采取了所谓自由废娼的措施，可是终究废止不了。不过妓院老板受到贪得无厌的欲望的驱使，采取各种各样惨无人道的手段迫害娼妓，这种流弊是应该铲除干净的。

一年半的疾病和一年半日记

不管我的癌肿症，即所谓一年半变成什么样子；它既然按它的趋势逐渐发展，于是我也根据我的计划逐步前进，记述我的一年半。一个一年半是疾病，不是我；另一个一年半是日记，是我。

这几天以来，一年半的疾病好像略有发展，颈上的肿块逐渐扩大，喉头感到极端的紧迫。夜里虽说能够睡眠，而白天却不能够安然熟睡。每逢吃饭的时候，有时害怕咽不下去；但实际还没有达到这种地步。每餐吃两三个鸡蛋，两碗粥，两碟小菜；每天喝牛肉汤四合[①]，都能完全吸收。这就是我现在还能够照样写《一年有半》的缘故。

小山久之助君

七月十三日，已故五代友厚[②]君的孤女某，由东京带来了小山久之助君的信，并且请求见面。虽说我的声音完全喑哑，不能谈话；可是小山的来信略称，她是研究法国学术的，早就想和我见面。请她进来坐下，勉强挤出声音，谈了一两句话。听说小山的颈部也发现了肿块，五六天以前，写信去问候他。现在他的来信上说，是淋巴腺肿，经名医桥本纲常[③]治疗，略微好转。在现在这种滔滔不绝的浊流中，像他这样一位朋友，是纯真可敬的。希望他得的不是像我这样的不治之症。

旧日的二十多位学生

在这以前，我还住在大阪的小塚旅馆的时候，野村泰亨君寄来了一封信，开列旧日的二十多位学生（法文学塾）的姓名，附赠六十多块钱，说是姑且作为副食品和水果的费用。我对于各位同学厚待故旧的情意感到高兴，接受了这份礼物。我本来是常常缺乏金钱的。现在得了这份礼物，内心恰像得到一万块钱一样。

堺市寓所的庭园

我在堺市的寓所，庭园虽说不大，却颇有苍古隐秀的气概。一株槠树，已经长了七八十年。分别长出了五六根树干。其中，有一

① 合：容积的单位，升的十分之一，一合为180.39立方厘米。

② 五代友厚（1835—1885），明治前期的实业家。

③ 桥本纲常（1845—1909），明治时代的医学家。

根树干的形状，像外面的树皮一样，把其他几根树干的半边包围起来。几十块山石，大小不同，都长满了青苔，地面也大都覆盖着青苔。石灯笼四五个，也都无不覆盖着青苔。假使运用柳宗元的笔法来加以记述，那就是：凡所罗列者，树木也，石也，灯也，以及其他一切之物，而皆被之以苔。有一水池，养着几十尾金鱼。我每天行深呼吸，吃药，或者写一年半的稿子。在这个期间，有时走到庭园，把食饵丢进池内，作为娱乐。有一乌龟，像盆子那样大；可是它天然生成了一种爱好自然的性格，绝对不接受人类的戏弄。有时也把头部露出水面；可是一听见脚步声，就沉没到水里面去了。这个动物，终究是无法超度的。

我的故乡有松鱼

堺市地方，鱼类丰富，味道鲜美。就日本说，凡属朝南的沿海所产的鱼类，都比朝北的沿海所产的鱼类味道鲜美些。所以说我的故乡土佐，以及中国[1]、筑前、博多等地的鱼，比仙台、秋田、新潟等地的味美得多。此地滨海的茅海楼、一力楼等酒楼，兼营旅馆，旅客极多。其中，大多来自大阪，全都是为了品尝鲜鱼的味道而来的。鱼类则有海鲫鱼、虾、竹麦鱼，以及其他，而尤以炙蛤蜊味美著称。然而可惜的是，没有松鱼。我的故乡以出产松鱼闻名。现在正是梅雨季节，天天有大量的松鱼上市，味美无比。每一想到它，就使人垂涎不止。

我的故乡有杨梅

我的故乡又有杨梅，现在正是当令的时候。杨梅有两种：一种是红色，另一种是银白色，而后者更为甘美。在中国仅次于荔枝和

① 中国：指日本本洲西部的中国地方，行政上分为冈山、广岛、山口、岛根、鸟取等五县。

龙眼的,实际要算杨梅。葡萄、梨、柿之类,不过是下等的,是低级的。

听说桂太郎内阁近来想在国际市场上出卖公债,派遣主管人员去探听行情,因没有人愿意购买而进退维谷。这本来是一件很明白的事情。英国在南非战争消耗了极大的资金,法国几乎把一半的国力投入到俄国的事业上,德国正苦于经济恐慌。现在欧洲的广大市场,正在缺乏资金。而我们日本政府从明治二十七、八(1894—1895)年以来,经常为财政困难所苦,又在议会加以揭露,报纸加以夸大,使得外国人暗中抱有怀疑和惧怕的心理。想在这个时候出卖公债,也就太迂腐了。桂太郎内阁果然着眼于百年大计,一定需要大量的资金去执行计划,为什么不断然提出抵押品,以吸引资本家呢?个人拿抵押品去借钱,并不是可耻的;国家也是这样。哎!恐怕这个内阁也像从前的内阁一样,并没有方针政策,只是贪图权势和利益呀!

出卖公债是太迂腐了

听说桂太郎内阁很害怕贵族院,很害怕众议院。这是个大错。桂太郎内阁本身,只应该害怕没有适合目前紧急需要的方针政策,对不起天下后世子孙。既然制定了远大的方针政策,那么,怕什么贵族院?怕什么众议院呢?假使这两院妄想对抗,那就只有立即向全国呼吁,利用演说和报纸诉诸于人民。

只有诉诸于人民

对国务大臣看得太尊贵了,这是过去的专制政治的流弊。众议院的议员固然想做国务大臣,贵族院的议员也是这样,那些称做什么会,什么派,动辄欢喜和政府对抗的人们,他们内心中实际是想做国务大臣。总之一句话,两院的议员,都是贪图权势和利益的饿鬼。荣誉的范围岂可有什么限制?且不说国务大臣以外还有高

荣誉的范围岂有限制

级官吏，即使是律师，新闻记者，工商业家，不问什么职业，凡属有力量，有手腕，做出了良好成绩的时候，都是值得尊敬和重视的。当了国务大臣，什么事情都没有做，只是贪图利益和俸禄，这就太可耻了，这有什么荣誉呢？有什么值得尊敬和重视的呢？

为什么产生公文繁多的流弊

我国官吏好像很受尊重的样子，而实际上并不是这样。这就是所以产生公文繁多的流弊的原因。为什么这样说呢？回答是：姑且就农商省这一个部来说吧。既然设立了森林、矿业、商工各局，每局各设局长；可是森林局长不能够独立行使该局的职责，一定要其他的高级官吏也在该局的公文上签名盖章，以分散该局的职责。这就是，怀疑自己所属各局的局长，不使他独立行使职权；哪怕发生公文繁多的流弊，也不肯把权力交给各该局长。然而工作因而停顿，时间因而浪费，受到这种害处的却是人民。所以说，日本官吏好像很受尊重的样子，而实际上并不是这样。这也是改革行政方面的一个重要问题。

由于这个缘故，凡属各局职掌的事情，都应该由各该局长全权负责，其他的局长不加过问。也就是说，森林方面的事情，商工方面的事情，分别由各该局长负责提出意见，假使得到了农商省次官、大臣的批准，就可以立即发出命令。像这样子去办理的时候，现在要花费三个月的事情，可以在四五天乃至十天以内办好，而担任局长职务的人，必定更加努力去做工作。这就是对于那个人的尊重。

所谓官吏是什么

况且所谓官吏是什么呢？本来不是为了人民而设立的吗？现在却好像是为了官吏而设立的。这可以说是荒谬之极。遇到人民提出控诉或请求的事情，上面加以批驳的时候，宛如惩罚犯了过失的人一样，上面批准的时候，又如赐予恩惠一样；为什么这样极其违背道理呢？他们原来是靠谁穿衣吃饭的呢？不是靠着人民缴纳的租税吗？也就是说，不是靠着人民养活以维持生活的吗？凡属官吏们的财产、金钱且不说，即使是一丝一毫的东西，不用说也都不是从天上掉下来的，也都不是从地下钻出来的，而没有不是从人民的腰包里拿出来的。也就是说，人民是官吏的第一位的主人，岂能不加以尊敬？

民权自由不是欧美专有的

民权是个至理；自由平等是个大义。违反了这些理义的人，终究不能不受到这些理义的惩罚。即使有许多帝国主义国家，也终究不能够消灭这些理义。帝王虽说是尊贵的，只有尊重这些理义，才能因此而保持他们的尊贵。中国早已有孟轲和柳宗元看穿了这个道理。这并不是欧美专有的。

未曾有过这种事情

没有王公将相而有人民的事情，是有过的；没有人民而有王公将相的事情，却还未曾有过。应该深刻地考虑这个道理。

不欢喜思考的国民

我们日本人能够认清利害而不明白理义，爱好实行而不爱好思考。只因为不爱好思考，所以连世界上最明白的道理，也把它放过，而从来不觉得奇怪。所以长期甘心顺从封建制度，听任武士横行霸道，哪怕遇到所谓格杀勿论的暴行，也从来不加以对抗和斗争，正是由于没有思考的缘故。只因为不爱好思考，所以凡属他们所做的事情，都是浅薄的，而不能够充分彻底。今后所需要的是伟大的哲学家，而不是伟人豪杰。

已故井上毅君

近年以来，我们日本的政治家，要算井上毅君是比较懂得思考的。而现在他已经去世了。

顺利地造成了现在的腐败透顶的社会

假使用新闻记者的口气来说，日本用嘴的人和用手的人很多，而缺乏用脑的人。从明治维新初期以来，用嘴的人和用手的人一起大肆活跃，去进行他们的所谓进取事业，到现在已经有了三十多年，顺利地造成了现在这个腐败透顶的社会。我们日本人对老天犯了什么罪呢？

政治自由和经济自由各不相同

我曾经说过，从明治政府最初成立的时候起，日本朝野上下，都上了英国曼彻斯特派经济理论的当，几乎把保护和干预当做坏事，把经济自由和政治自由混为一谈。像那些民间政治评论家，特别厌恶保护和干预。遇着政府万不得已感到必须采取保护和干预的政策的时候，大家都起来加以指责。政府本来也是软弱无力的，并且内心里没有信心，所以一经遭到民间的攻击，动辄徘徊不定，犹疑不决。不久，竟然加以废止。这也是政府和民间都没有加以思考的罪过。

假使把我国工商界提高到了像英法两国人民一样的程度，那么，自由放任政策本来是不坏的，而现在却不是这样。他们大多数人，还是顽固不化和孤陋寡闻的，加之资金短少，新知识缺乏，只想做眼前就可以很快畅销的事业，终究不能胜任长远的事业。假使没有政府的倡导和奖励，终究创办不了巩固的事业。看看近来纺织、铁路、银行以及其他各种公司相继倒闭的情形，就可以了解这一点。这些人都是现在的所谓大商人，并且被认为是资金充足，知识丰富的人，他们尚且是这个样子，何况其余的人呢？难道可以放弃干预和保护吗？

难道可以放弃干预和保护吗

保护和干预政策，动辄会发生官吏和各该商人互相勾结，营私舞弊的现象。然而这种流弊是能够预先防止的，是能够加以惩罚的。假使就发生流弊这一点来说，世界上什么事情没有流弊呢？这自然是另外的问题。

即使欧洲各国，当初即十五六世纪的时候，也没有不采取干预和保护政策的。尤其是像法国那样的国家，它的塞夫勒的陶器，戈贝兰的纺织品，都是靠着保护政策，而达到了这样充分的发展的。再就近看看我们国内吧。例如赞岐的白糖，我家乡土佐的纸张，都是该藩亲自经营的，不只是干预的问题。其他各地的土特产，在封建时代，大多数也都是没有不依靠藩政府的力量的。干预和保护政策，本来是不能够废除的。

赞岐的白糖和土佐的纸张

我曾经认为，工业本身，可以分为四类：第一类是可以完全听任人民创办，丝毫不需要加以干预的；例如关于一切粗制品的工业，即纺织、毛线，以及无需建筑大桥梁或大隧道的铁路等。第二类是开始创办以前，需要进行大规模调查的工业；就调查需要若干时间和若干资金这一点看来，这不是追求眼前利益的资本家所能够胜任的，所以应该由政府做好调查工作，把调查所得的结果告诉资本家，让他们去创办这种事业。第三类是不仅需要供给单独调查所得的结果，并且需要给予补助的工业。第四类是应该由政府自己创办和经营，到了确实能够得到若干利润的时候，公开招标出卖的工业。这都是农商省所掌管的事业。

工业大致分为四类

农业也需要大加改革。首先要使它兼营畜牧业；至于规模的大小，可以按照各地的情况，适当规定。

农业

日本的海岸线长达数千日里，鱼介类尤其丰富。假使政府大力奖励，或者直接经营水产业，那么，就会使面貌完全改观。应该考察荷兰、丹麦、挪威各国的水产业，以供参考。

水产业

北海道的大马哈鱼和鳟鱼，可以说是鱼类之王。把它们腌成腐臭的东西，叫做咸鱼，而不知道加以改进，这是多么令人叹息的啊！

鱼类之王

羊有两种：专门用毛，而肉味不大好的；和毛、肉两者都可以用的。英国大多饲养第二种。猪也有几种，而英国的品种最多。应

羊和猪

该好好的实地加以考察。

饲养得法的时候，猪绝不是肮脏的，也不一定蠢笨。把猪放牧到山上或田野里去，如果喂食时打钟，傍晚吹笛等等，使它们练习纯熟了以后，动辄回来，从来也不会错过时间。

一幅优美的活图画

春去夏来，草青树绿的时候，田野间或山岗上，有三五户人家的屋檐露在树林外面。附近有一群羊或猪。有的在走动，有的在躺卧。牛和马也混杂在其中。李太白所说的“花暖青牛卧”的风景，宜人耳目。到欧美去旅行的人，都没有不留恋这种风景的。日本的田野与此比较，未免寂寞得很。这不仅仅是经济方面的损失，在美术上也可以说有巨大的缺点。

服装改良论

男女服装现在应该断然作出规定。我以为，除了目前通行的西服与和服以外，可以另外创造更适合身体的服装；至于妇女方面，并且可以自己创新，缝制显得更加优美的服装。现在的和服，太宽大，太松弛，并且有动辄露出肉体的缺点。西服却又太紧太窄，在严寒和酷暑的季节，不适合人体，可以不必沿袭下去。

就现在的和服、西服，以及中国、土耳其等国的服装，吸收它们的长处，去掉它们的短处，进一步加以研究。假使幸而因此得到了适当的服装，那么，又方便，又美观，要比现在的服装好得多吧。世界上所有的事情，都不应该受旧习惯的拘束，而应该经常加以变革和改进，不仅限于服装而已。

作为文学体裁的谣曲

现在是七月中旬，梅雨还没有过去，每天都很阴沉和闷热。房东大上君替我借来了谣曲书[①]。于是打开阅读，原来是观世

① 谣曲：即能乐的歌词。

派[①]的出版物。《松风》、《盆景树》、《百万》、《邯郸梦》[②]等篇，从文章来看，大多拙劣和粗陋极了。拿现在的幸田露伴、尾崎红叶[③]来观察它，等于拿华族[④]和乞丐相比一样。看来，当时的僧侣们，大概是刚刚开始学习文学。书中略微可以诵读的，不过是引用了古代歌谣，点缀了佛家的话语，和借用了白乐天的诗句的那些地方。每篇的结构，也是千篇一律。大多把佛祖和神仙的梦幻，以及古代人物的亡魂等当做典范。其余的地方，不过是信手涂抹罢了。假使说，除此而外，还有可取的地方，那就只是隐约带有苍古的色彩；然而这不是作者的功劳，而只能够说是岁月的力量。

近来的文学作品，幸田露伴，尾崎红叶，坪内逍遥，森鸥外[⑤]写的，都是佳作。幸田露伴大概是有意刻画雄壮和豪华的境界的；也就是荻生徂徕所说的"峨嵋天外雪中看"，恐怕正是他的野心所向往的目标吧。尾崎红叶具有千锤百炼，玲珑晶莹，非十二分透彻绝不罢休的气

① 观世派：能乐（能和狂言的总称）分为六派，即观世、金春、宝生、金刚、喜多、梅若。观世派是结崎清次观阿弥（1332？—1384，南北朝时代能演员，谣曲作家）和结崎元清世阿弥（1363—1443，室町时代能乐家，谣曲家），父子创造的，流传至今，已有二十四代。

② 《松风》、《盆景树》、《百万》和《邯郸梦》都是世阿弥的作品。《松风》写的是在原行平（818—893，平安前期的官员，歌人）和松风、村雨两姊妹恋爱的故事。《盆景树》写的是北条时赖（1227—1263，镰仓中期的武将）化装出访的故事。《百万》写的是一个名叫"百万"的寡妇母子重逢的故事。《邯郸梦》是根据中国唐代小说《枕中记》、明代汤显祖的传奇《邯郸梦》等编写的卢生遇吕公的黄粱梦故事。

③ 幸田露伴（1867—1947），明治、大正时代的小说家。尾崎红叶（1867—1903），明治时代的小说家。

④ 华族：明治二年（1869）规定，对皇族以下，士族以上的贵族身份的称呼。原来不过是对旧公卿、大名家族身份的称呼，明治十七年（1884）颁布华族令，又适用于明治维新的功臣。并授予公、侯、伯、子、男等爵位和特权。

⑤ 坪内逍遥（1859—1935），明治、大正时期的评论家，小说家和剧作家。森鸥外（1862—1922），明治、大正时期的小说家，评论家。

概。坪内逍遥是极其接近自然的；他纵横挥洒，简直像苏东坡所说的“行乎其所不得不行，止乎其所不得不止”一样。至于森鸥外，却是温和忠厚，而绝对不露锋芒的；大概由于他是一个这样的人所致吧？

日本的第一流文章

近年的作家，大都是专门在修辞方面下工夫；而构思的奇巧，却好像并不是他们的雄心所在。从这一点来说，现在的作家都远远赶不上近松门左卫门和竹田出云。近松门左卫门和竹田出云，不仅文辞瑰丽，并且构思奇巧，使人拍案叫绝。我常常说，日本的文章要算义太夫派脚本是第一流的作品。并不比欧洲的悲剧和戏曲差些；小说之类，都赶不上它。

世界小品文章中的小品

和歌[①]只有三十一个字母。这是世界小品文章中的小品。已经有了《万叶集》和《古今和歌集》，后人不过是把陈腐的文字罗列在一起罢了。这也像七言绝句到了唐朝以后不值一读一样；因为体裁太小，无法着力加以充分发挥的缘故。俳句和川柳[②]也是这样的。

翻译要数森田思玄和黑岩泪香

翻译要数已故森田思轩[③]为最好。因为只有他这一个人，兼通汉学、洋学，特别在汉学方面很有根底。所以善于驱使文字，运用自如。其次，黑岩泪香[④]的小说，很值得看。我没有读过黑岩泪香所翻译的原著，想来可能是大加删节过的，然而绝对不露痕迹，其剪裁的巧妙，恐怕也不是他人所能够赶得上的。

---

① 和歌：是日本传统的诗歌体裁。一般指由五句、三十一个假名（即5、7、5、7、7）组成的短诗。广义地说也包括长歌、短歌、旋头歌、片歌等，大都是由和歌的形式变化来的。

② 俳句是由俳谐（一种带有诙谐趣味的和歌）的初句（首句）演变来的，一般是三句、十七个假名（即5、7、5）组成的小诗。明治时代正冈子规加以革新，出现了一种新派俳句。川柳是一种大众化的通俗诗歌，每首十七个假名，没有一定的格式。这是由柄井川柳（1718—1790）就杂俳前句的附属句改造而成的，所以叫做川柳。

③ 森田思轩（1861—1897），明治时期的新闻工作者和翻译家。

④ 黑岩泪香（1862—1920），明治、大正时期的批评家和翻译家。

桃川如燕，松林伯圆，三游亭圆朝，春锦亭柳樱[2]的口语文学，是一种优秀的叙事文或夹叙夹议的杂体文。但是阅读他们的记录稿，与直接听他们的说唱，却有天壤之别。我所说的优秀的叙事文，不是说的记录稿，而是说的他们所说的口语。那么，这种口语大概又可以叫做叙事体的演说吧。

讲谈和落语[1]的名作

至于演说，它在日本流行的时间还不久。哪怕是最巧妙的演说家，也不过是口齿十分流利，语句不错。换句话说，不过是所谓不失雅驯。阅读他们的记录稿，恐怕没有一篇可以称为好文章的。并不能够像迪斯累里[3]、格莱斯顿、甘必大[4]、梯也尔等的演说那样，广博善辩，气魄雄壮，成为最优秀的文章。这不仅仅是由于没有练习纯熟，而且可能是由于他们的内心缺乏火焰一般的热诚和刚正不阿的精神所致。

日本的演说

常磐津调、清元调、长歌[5]之类，撇开它们的音节和曲调不说，

俗曲俚歌

① 讲谈、落语：日本的传统的曲艺。讲谈类似于中国的评书，落语类似于中国的相声。

② 桃川如燕(1832—1898)，明治时期“讲谈”的名艺人。松林伯圆(1831—1905)明治时期“讲谈”的名艺人。三游亭圆朝(1839—1900)，明治时期“落语”艺人。春锦亭柳樱(1827—1834)，明治时期“落语”艺人。

③ 迪斯累里(B. 1st Earl of Beaconsfield Disraeli，1804—1881)，英国政治家、作家。

④ 甘必大(Léon Gambetta，1838—1882)，法国政治家。

⑤ 常磐津调：净琉璃调的一派，由常磐津文字太夫创始，曲子接近于义太夫，是一种半说半唱形式的曲调。下文提到的《释迦八相记》是井上播摩掾的作品，所谓八相即指释迦出现于现世，表现于众生的八相：降兜率、入胎、住胎(或降魔)、出胎、出家、成道、转法轮、入灭。

清元调：净琉璃调的一派，文化年间(1804—1818)，由清元延寿太夫创始，曲调清婉，富于群众性。下文提到的《山姥》是清元斋兵卫的作品，作于1823年。

长歌：原作“长呗”，即江户长呗。系以歌舞伎音乐，上方音乐等为基础，加上大萨摩和其他净琉璃的曲调，作为江户音乐发展起来的曲艺音乐。下文提到的《劝进帐》和《京鹿之子》是长歌中的古典曲目。

就文辞看来，并不是没有稍稍值得阅读的。例如常磐津调的《释迦八相记》，清元调的《山姥》，长歌的《劝进帐》和《京鹿之子》等，都是值得诵读的。至于那种歌泽[①]调，其中确有击中要害的警句。例如《无情勿烦》曲，《鹃啼思归》曲，以及其他的曲子等。都都逸[②]以下，却是鄙俗猥亵，不堪入耳的。

五位最优秀的时事评论家

批评时事的文章，要算已故福泽谕吉先生，福地樱痴，朝比奈碌堂，德富苏峰、陆羯南[③]为最好。福泽谕吉的文章，日本全国再没有比它更不讲修饰，更自由自在的了。他的文章中不值一看的地方，正是自成一格的文章。福地樱痴有文才，熟悉各种文体，而且有一种封建气息，这可以说是奇事。德富苏峰的直译法，大概是他自己创造的，一时支配了日本全国的文坛。朝比奈碌堂和陆羯南所写的都是仿汉文的文体，时常有措辞生硬不化的弊病。这是不是由于他们都是速成的汉学家的缘故呢？

近来杜撰的汉语

近年以来，研究汉学的风气衰退，人们都是只求够用就行。所以无师自学的人很多，浅薄和粗糙的现象极多。随时可以看见退让三舍，伺人鼻息，一苇带水，旗織鲜明之类[④]不断在报上出现；而

---

① 歌泽：即歌泽调，一种民间俗曲。由歌泽大和大掾（本名笹本彦太郎）综合日本传统的小调及流行的民谣而创始的。声调以纤丽、悠扬为主。

② 都都逸：流行俗谣之一。主要是采用口语表现男女爱情的歌曲，歌词一般是7、7、7、5四句，共26个假名。

③ 福泽谕吉（1835—1901），明治时代的启蒙思想家。福地樱痴，即福地源一郎（1841—1906），明治时代的新闻工作者。朝比奈碌堂，即朝比奈知泉（1862—1939），明治、大正时代的新闻工作者。德富苏峰（1863—1957），明治到昭和时期的评论家。陆羯南（1857—1907），明治时期的新闻工作者、评论家。

④ 一般写作：退避三舍、仰人鼻息，一衣带水，旗熾鲜明。但織与幟是异体字，并不算错。

读者也没有觉得奇怪的。这是由于小学和中学的课程太繁多,没有闲暇学习汉学的缘故。没有这种错误的,大概只有森田思轩一个人。

欧洲人的文章

欧洲人的文章,是极端严格的。即使是古代大文学家的文章,万一发生措辞不当,或文理不通之类情况时,后人绝不马虎放过,而是著书逐一指正,并不姑息,借以教育年青的一代。学校教科书,很多都在脚注栏指出这种情况。姑且就法国说,即使波舒哀、费内隆[①]、伏尔泰、孟德斯鸠这些大作家,也往往不免受到这种批评。这就是文章所以能够愈益趋向优雅和纯粹的缘故。孩子们日常说话,偶然发生错误的时候,父母亲也必定因而加以教诲和纠正。这就是演说和谈话所以能够愈益有条理的缘故。

墙壁上的涂写

孩子假使直接说出粪尿,生殖器、或房事之类话语时,父母兄姊,就要严厉加以责备,不准嗣后再这样说。这不仅仅是为了使谈话趋向纯洁,并且在实际上也和风俗有很大的关系。所以外国的城市自不必说;即使是偏僻的乡村,也绝对看不见有违反禁忌,在他人家墙壁上乱涂胡写的事情。在我们日本各地仓库的白色墙壁上,动辄画着男女两种生殖器,来来往往的人看见了以后,也从来没有谁觉得奇怪。甚至在妇女穿着非常漂亮的衣服,经过街市的时候,聚集在一个地方的人力车夫,往往指手画脚,嬉皮笑脸,加以侮辱。这种现象是由来已久了;应该加以警戒。

对待妇女

日本的男子遇着青年及壮年妇女的时候,立即想到肉欲和房

① 波舒哀(J. B. Bossuet,1627—1704),法国神学家,政治学家。费内隆(Fénelon,François de Salignac de la Mothe-,1651—1715),法国文学家,思想家。

事；所以互相谈话的时候，往往提到男女关系，习以为常。对待良家的夫人，几乎和对待娼妓之类没有两样，而且没有人觉得奇怪。连互相交谈的妇女，也没有认为这是失礼行为，而发生反感的。这就是风俗所以日益败坏，而太太小姐的社会交际不能趋向高尚的缘故。这是应该立即加以改正的。

人们讨厌拘谨

日本人所特有的性格是：温和和随便，容易倾向于放肆和怠慢；坦白和直率，容易陷入戏弄和亵渎。他们所缺少的是：严肃和坚毅，端庄和郑重。掌管教育的人，应该加以注意。

由于这个缘故，请看看我们日本的情形吧。那些有较高地位或大量财产的人，换句话说，那些应该稍微把态度放庄重严正一点的人，不是庄重严正，反而抱着温和和随便的态度去待人接物，或者抱着放肆和怠慢的态度，办事不认真，那么，众人都欢喜他，敬爱他，动辄说他为人就是这个样子；可见人们是不欢喜庄重严正的。这个脾气，无论对家庭、国家或世界，都有极大的关系。政治家非充分注意，加以纠正不可。

各种礼节和仪式

各种各样的礼节和仪式，都是用来使人们养成庄重严正的态度的。明治维新以后，一下子就废除了封建时代的礼节和仪式，连服装制度也跟着变得杂乱无章。从那时以来，采用了欧美的风俗习惯，贵族绅士和官吏方面，陆续制定了各种礼节和仪式，以代替旧日的礼节；规定了大小礼服，以及其他各种勋章、位阶[①]等的品种和等级，达到了充分表现庄重态度的目的；而中产阶级以下的人

① 位阶：指日本天皇授予有功人员或在职人员的荣誉称号，分为正一位到正八位，从一位到从八位，共十六个等级。

们方面却还没有这样的规定。废除了上下及肩衣①,仅仅用羽织裤或西服去代替;往往有一些人,穿着便服去参加婚丧之类活动。服装杂乱无章,就是人们容易倾向于放肆和怠慢的原因。日本人本来缺乏庄重的性格,没有人拿礼节和仪式去约束自己的行为。他们随心所欲,肆无忌惮,达到了不可收拾的地步,这种情况是很可怕的!这又是政治家所不可不注意的一个问题。

约定时间

和他人约定时间,即使迟到一两小时,双方也都不觉得奇怪。这正是他们的思想动机所以倾向放肆和怠慢的原因。

晏子的马车夫的集团

我国人又是度量狭隘的,有一种满足于小小的成功的倾向。只因满足于那种小小的成功,所以稍微取得一些荣誉的时候,动辄显出晏子的马车夫那种扬扬得意的神气;甚至陡然变得骄傲和怠慢起来,动辄用无礼的态度对待他人。譬如政府机关方面的那些担任警卫和收发工作的人员,铁路公司等方面的那些出售车票的人员,往往用骄傲无礼的态度对待客人;其他的官员和做过官的人,也不免有这种情形。这一定是由于他们自己心满意足的缘故。只因满足于小小的成功,所以那些经营手工业和商业的人,侥幸得到十万、二十万资金的时候,动辄心满意足,而不肯再去努力,一心只想怎样使自己的财产不致丧失,再没有其他的念头。有的人因一二万而心满意足;有的人因四五十万,以至一百万而心满意足。他们的欲望虽说有大有小,可是几乎没有一个人是不断进取,经营

① 上下(也写作裃)指把上装(肩衣)和下装(裤)连接而成的一种日本式服装。由于一般是同一颜色的,称为"某色的上下",故简称上下。肩衣大致像中国的没有袖子的马褂,裤大致像中国妇女所穿的围裙一样,二者一般同时穿着,因而往往连缝在一起。明治维新时曾被废除,近年穿着的已经不多了。

创造，至死不止的。近来日本的官僚资本家中间，只有安田某、古川某、浅野某、雨宫某[①]那样几个人，略微具备一点进取的精神；其余正是一些满足于十万、百万的平庸的家伙。像罗思柴尔德和范德比尔特[②]那样巨大资本，毕竟是这些人做梦也想不到的。

官吏的心满意足

在官吏方面，情况也是这样。假使做了科长，动辄自己心满意足；假使做了局长，动辄心满意足；到了担任国务大臣的时候，那自己就更加心满意足。也就是说，他们并不想运用自己的权力和职位去做工作，以便报答天皇的恩典，符合人民的愿望，成就辉煌的荣誉，而只是极力想使自己的地位不致丧失；所以无所事事，以求不至于出岔子。明治二十三(1890)年以后的日本内阁，就只是这么一回事。

学士和博士没有优秀的著作

在学校的学生，情况也是这样。如果得到了学士的学位，就自己心满意足；如果得到了博士的学位，也就自己心满意足。从来不反问自己有没有与这种学位相当的实力；何况，此后越发要更进一步努力研究学术，以求建功立业，或力求写出优秀的著作，对社会作出贡献呢？这是绝对不会想到的。所以现在也许有得了学士、博士头衔而有优秀著作的人，但是我还没有见过。

---

① 安田某指安田善次郎(1838—1921)，明治、大正时期的官僚资本家。古川某指古川市兵卫(1832—1903)，明治时代的资本家，也写作古河市兵卫。浅野某指浅野总一郎(1848—1930)，明治、大正时期的工业资本家。雨宫某指雨宫敬次郎(1846—1911)，明治时期的资本家。

② 罗思柴尔德(Mayer-Amschel Rothschild，1743—1812)，德国的国际金融资本家。其子(Nathan Mayer Rothschild，1778—1836)，是美国的金融资本家，也是罗思柴尔德家族中的著名人物。范德比尔特(Cornelius Vanderbilt，1794—1877)，美国金融资本家，其子(William Henry 1821—1885)，也是美国大资本家。

一个国家的人民，无论什么阶级或什么职业，都容易满足于小小的成功，而不进行重大改革的时候，对于这个国家说，实在是应当寒心的。像欧美各国所以能够这样强大，不能不说，不外是由于那些国家的人民，勤勤恳恳，努力工作，至死坚持不懈的缘故。缅甸、土耳其、埃及、朝鲜等国所以弄得像现在这样委靡不振的情况，就是由于这些国家的人民满足于小小的成功，而不肯努力工作的缘故。

这是亡国的根本原因

大国人民和小国人民的区别，不是由于疆土的大小，而是由于他们的气质，胸襟的大小。现在英国的本土是那样的狭小，而五大洲到处都有英国的领地，而且凡属他们所做的事情，都体现了泱泱大国的风度。这一定是由于他们的胸襟的伟大所致；啊！这可以说是多么地强盛啊！

泱泱大国的风度

（1901 年 7 月 18 日脱稿于堺市）

第三章

德、英的工商业

近来那些学士们往往说，德国的科学技术极为发达，日益切合实际地应用到了工商业方面，所制造的产品，价廉物美。英国的整个市场都被打开，而被德国所占领。英国大概已经出现了衰颓的预兆云云。可是请看看吧。英国在南非作战已久，使用了三十多万的兵力，消耗了十多亿资金；同时又在中国北部作战[①]；然而财政金融还没有感到窘迫，利率经常稳定在3%—4%左右，并没有再上涨。它的财政金融的巩固，真正足以使人惊叹！英国还是不能够轻易加以蔑视的呀。

井上甚太郎君

七月三十日，井上甚太郎君前来探问我的疾病。我和他互相认识，到现在差不多有二十年。他是赞岐人。我开始认识他的时候，他早已极力强调欧洲糖业的发达，赞岐出产的糖不久就要被压倒；主张必须迅速应用科学技术，设法改革赞岐的糖业。他当时就已经详细陈述自己的意见，把它印刷出来，散发给糖业界人士。那个时候，日本的绝大多数，不，几乎所有的人，都讨厌外国糖，以为赞岐的三盆白[②]是最好的糖。也就是说糖业界人士也自己心满意

① 指1900年英国参加八国联军进攻中国，镇压义和团的事件。

② 三盆白：日本四国岛出产的一种精制白糖。

足，而不肯采纳井上君的意见。嗣后没有经过多久，糖果商人最先察觉：外国糖质量纯粹，渣滓较少；不再采用国产糖。从此以后，其他一般采用外国糖的人，一天天一月月地增加，竟然压倒了国产糖。井上君接着又对于国内的盐业，抱着同一的意见；所提倡和讨论的问题，也是极其中肯的。现在听说，每年有德国盐输入日本，下总地方的酱油酿造业者专门采用德国盐。这大概是因为德国盐很少苦味，对酿造酱油有利，像糖果商人最先察觉到采用外国糖有利一样。井上君的深思熟虑，借以提倡和改进实业的情形，大致就是这个样子。连纺织、香烟以及其他各行各业，乃至农业建设，他也都留心加以调查研究，这里就不一一列举了。像他这样的人，大概就是我以前所说的最认真的人物；这和现在日本大多数人，尤其是那些只把眼光注视在眼前利益上的政客式人物大不相同。他在政友会内，经常对抗争辩，一点也不屈服，可见他是多么认真的呀。

政友会中有这样的人吗

我试探地问了井上君，照你的意见看来，现在的政友会中，果真有人抱有国家观念吗？果真有那种人，除了考虑权势、利禄、地位、虚荣等等一切有利于自己及家庭的事情而外，还把人民这种观念[①]放在他的头脑中吗？他苦笑而不回答。

井上君也是一个和我抱着同样幻想的人。也就是说，也是一个相信那些做高官和大员的人，以及做议员和党员的人，除了自己及家庭的利益而外，脑子里似乎也稍微有点国家或人民的观念。可是现在怎么样呢？这纯粹是一种幻想。而且这的确说明了他们

① 原文作“意象”，是法文 idée 的译名，现按一般习惯译作观念。参见本书115页注释。

叫做议员、政治家的吃人恶鬼

的聪明，我们的愚蠢。为什么呢？不论怎么样，国家这个东西，总是庞然大物。在它衰亡以前，可以为若干个人作牺牲品而绰绰有余。那么，为了有利于自身就把国家当做牺牲品，又用得着害怕什么呢？所谓人民是什么呢？他们的绝对大多数，都是没有知识的农民。这些人不正是上天按照优胜劣败的公理，可以供给其他聪明人利用的物体吗？啊！现在的高官、大员、议员、党员，这些人简直只能叫做吃人恶鬼。我们日本帝国供给这种聪明人大吃大喝，究竟能够继续多长岁月呢？

国家总之是庞然大物

然而国家总之是庞然大物，并不是只有这种聪明人居住的巢穴。我所说的，不，那些聪明人所说的幻想家，也生存在这里面。于是各种幻想，例如正义、公平、仁慈、爱国心、敌忾心等，也就不会不反映出一定的代表性。在日本帝国没有被那些吃人恶鬼吃光以前，有这些幻想家在这里面厮混，也许说不定社会是要逐渐造成认真的风气的。现在早已出现了这种象征。

看来三四俱乐部里面，帝国党里面，贵族院里面，以及还没有在社会上露面的无名人物里面，将要出现这样的少数人物：从内心深处真正厌恶政友会那些聪明人的所作所为，发扬正义、公道、自由、平等、爱国等这种在语言上极为陈旧，而在事实上极为新颖的观念的。既然出现了这种朕兆，大概不要经过太久的时间，就会有事实跟着出现。社会上的老实人啊！请不要那么悲观失望，自己略微安慰自己吧，皇天后土是一定不会抛弃我们日本国家的。

已经出现了改革的朕兆

这两三天以来，暑热的威风大为增加。据《朝日新闻》的报道，气温达到90°F。因为这个缘故，我感到一年半的疾病，在这个时候，好像迅速加重了的样子。颈上发肿的地方陡然膨胀，把咽喉压迫得很厉害。里边的肿块,部位也好像扩大了。常常发生咳嗽;吐了痰以后,呼吸觉得很急促。我是第一次开始得喉头癌的(不管是谁,当然没有得两三次的道理),没有经验,所以自己不能了解自己的病情;可是感到食道不要经过太久的时间,就会堵塞。因为这个缘故,近来的食欲特别旺盛。稀饭每天吃三次,每次吃四碗。菜肴的数量,和稀饭相当。在这个期间内,有的时候吃水果,有的时候吃糖果,随手拿来,大吃大嚼。那种贪吃的样子,像地狱的饿鬼一样。所以我目前共有三种快乐:第一是看;第二是写《一年有半》;第三是吃喝。像这个样子贪吃,一旦到了食道堵塞,不能够吃,而肠胃又还健全,要求供给食物的时候,究竟会感到怎样难受呢?所以我趁着现在的机会,大吃大嚼,以便得到快乐。

疾病的一年半日益迫近

对于明治时代的社会,我经常极为不满。所以假使执笔,就用笔攻击;如果开口,就用诟骂去对付它。现在喉头得了这种恶性的癌肿,无法治好,拱手等死,或许是受到社会的责罚,而弄成这个样子的吧?哈哈!

受到社会的责罚

我想大概是明治八、九年(1875—1876)前后吧(原书编校者附注:正确的年代是明治十四[1881]年)。我和西园寺公望[①]侯爵、柏田盛文、松田正久、松泽宪[②](没有经过多久,就因为这家报纸的关系,松泽宪被捕坐牢致死)、上条信次、林正明,以及其他诸君,创办了一种报纸,叫做《东洋自由新闻》。当时还没有发起自由党,用自由二字作为一种事物的名称,大概是从这家报纸开始的。由于

① 西园寺公望(1849—1940),明治到昭和时期的政治家。

② 松泽宪,即松泽求策(1855—1887),明治前期的自由民权活动家。

这家报纸的目的在于:抨击专制制度,提倡及宣传自由平等的大道理,当时的政府方面,正在把它当做面临的敌人。没有经过多久的时间,西园寺公望侯爵接到当局的密令,离开了报馆;松泽宪以及其他一两位接着被捕坐牢;报馆竟然垮了台。到了后来发起自由党,我又受板垣退助伯爵的委托,偕同已经去世的岛本仲道、马场辰猪[①]诸君等,在一家叫做《自由新闻》的报纸上发表文章。此后,陆续在大阪的《东云新闻》,后藤象二郎[②]伯爵的机关报《日刊政论》,以及复刊的《自由新闻》、《立宪自由新闻》、《民权新闻》等报馆,担任主笔,发表文章,经常不遗余力地攻击当时的政府,即萨长政府。因而以致引起误会,认为我是一个危害日本国体的人。我现在的疾病,即一年半的癌肿症,恐怕就是一般人所说的那种所谓业障病吧?但是我却想继续写我的另一个《一年有半》,即这部稿子,直到死去以前,我仍要挥舞这一支攻击的笔。恐怕这又未必不是我命里注定的业障吧?哈哈!

现在,我写《一年有半》的稿子,因为住在外地寓所里面,没有携带一本书。我的记性本来很差,现在又没有参考书籍,只能够一件一件地从自己的记忆中取出来,所以感到极不方便。假使东京的住宅存有书籍,那么,是很容易寄来的。可是实际上,十多年以来,我的家庭经济恐慌的程度,比社会上的经济恐慌更加厉害,因而书籍之类逐渐卖光,变换粮食和盐,现在连一本书也没有留下。这就是我创办事业的结果。社会上的那些聪明人将要怎样怜悯和

① 板垣退助(1837—1919),明治时代的政治家。岛本仲道(1833—1892),明治前期的政治家。马场辰猪(1850—1888),明治前期的自由民权活动家。

② 后藤象二郎(1838—1897),幕末、明治时期的政治家。

嘲笑我呢?

我对于事业,赚了钱就让他人拿去,蚀了本就由自己负责。最后的结果是,直到相继招来了审判、律师、法警、破产等等,而后罢手。这就是数年以来,我创办事业所遭遇的前后情况。现在得了绝症,在离家一百几十日里以外的地方漂泊,估计一定会变成骨灰回家。然而我的本领,却在于别的方面。这不是别的,就是这部《一年有半》的稿子。这就是我的真我。

兆民居士是学者

四五天以前,我到房东大上的房里去。聊天之后,偶然打开他书桌上的书箱,看见有《真山民[①]诗钞》和《唐宋八家选本》。我非常高兴,恰像在天涯海角的旅馆里,遇见了知心朋友一样!立即向房东借读,用以培养文思。从此我又增加了一件快乐。首先从真山民的诗开始。回想我最初阅读这部书,大概是在十七八岁的时候吧。留存在记忆里面的,只有"络纬数声山月寒"这一句,其余全都忘记了。现在好像第一次阅读一样,所以觉得津津有味。可以说,记性不好,有时也是有益处的。

书箱里的老朋友

山民的诗,声调极好,构思崇尚新奇,是所谓不拾他人牙慧的作品。这是最可宝贵的。不论诗也好,和歌或俳句也好,那种沿袭古人的思想,仅仅变换字句的肤浅的作品,一读就使人讨厌;可是在日本和中国,大肆泛滥的大多是这样的作品。

真山民的诗

我常常觉得,中国的诗文,到了宋朝以后,不值一读。毕竟脱不掉古人的窠臼。所以我对于宋朝以后的诗文,阅读了一遍以后,就不再看。生在古人以后,就要在古人开拓的田地以外,另行播

① 真山民:中国宋朝的诗人。

文人的苦心就在这里

种，另行收获。文人的苦心就在这里。韩退之《答李翊书》所谓“惟陈言之务去，戛戛乎其难哉”，正是指这一点说的。假使沿袭古人的思想，也就是如果在古人的田地里面播种和收获，那就只是剽劫。李白、杜甫、韩退之、柳宗元这些人，哪里沿袭过古人呢？不仅中国文学是这样；英国的莎士比亚、弥尔敦，法国的帕斯卡、高乃依[①]，也都无不别开生面。不然，那又有什么值得尊重的呢？

高青邱

除了构思新颖之外，山民好像非常注意声调。所以假使拿他的诗去和宋朝的其他诗人相比较，那就大有类似唐朝诗人的地方。后世的高青邱[②]，大致好像是从山民的这些地方得到了启发的。《真山民诗钞》的编者近藤南州[③]所说的这一段话确实是对的。青邱的诗，在构思方面，真正是新颖的；声调却往往能够赶上唐朝的优秀诗人。这不是模仿做作，而是自然类似。这就是值得崇尚的道理。

革新汉诗的一种方法

我阅读法国高乃依的《熙德》、《西那》，拉辛[④]的《阿达莉》、《伊菲革尼亚》以及雨果近来的几部作品，觉得如果也参酌这些作品去创作汉诗的时候，谅必能够使人们的耳目大为一新。可是在现在这个时候，要想做到字句优雅和纯粹，这是极端困难的。想去和森槐南、野口宁斋、本田种竹[⑤]诸君商量，可是结果没有去成。运用这些大作家的笔试图进行改革的时候，所得到的结果，谅必是大有

① 帕斯卡(Blaise Pascal，1623—1662)，法国的科学家，哲学家。高乃依(Pierre Corneille，1606—1684)，法国古典戏剧诗人。

② 高青邱，即高启(1336—1374)，中国明朝的著名诗人。

③ 近藤南州，生平不详。

④ 拉辛(Jean Baptiste Racine，1639—1699)，法国古典戏剧诗人。

⑤ 森槐南(1863—1911)，明治时期的汉诗人。野口宁斋(1867—1905)，明治时期的汉诗人。本田种竹，生卒年不详，明治时期的汉诗人。

可观的吧。

森槐南先生的诗学

森槐南先生的诗学，不仅仅日本的诗人，即使是中国的作家，恐怕也没有不尊重他的。他的作品我读的不多；凡已读过的，我觉得都是佳作。先生的作品，不仅仅构思和措辞都好；就切合主题这一点上，也可以看出他是煞费苦心的。槐南和宁斋诸君更值得珍视的地方是，不像日本的其他诗人那样，间接从《佩文韵府》那种工具书里面去找材料，而像直接从自己的腹中取出来的一样。

已故冈松瓮谷先生

日本近来的汉文，没有一篇是值得阅读的。他们不甘心做归有光和王遵岩[①]的奴隶，竟而落到步盐谷宕阴，安井息轩[②]后尘的地步。那种陈腐的气味，使人一读就要头痛。唯有冈松瓮谷[③]先生，却的确是近代的大作家。他所翻译的《常山纪谈》、《东瀛通鉴》、《纪事本末》、《庄子注释》等书的水平，是其他汉学先生们做梦也想象不到的。我希望出版这些著作，可是家境贫困，无法办到。他的原稿，现在究竟保存在哪一位先生的手里呢？恳切地希望好好加以保管，等待适当的时候，出版问世。

冈松瓮谷先生在叙事文方面，下了很大的工夫。他取材的范围，极其广博。也就是说，从夏、商、周、秦、汉各代起，到明清两代止，附带涉及稗官野史，以至方技的书籍，在需要的时候，都随意引用无遗；而他所写出来的文章，又是所谓字字轩昂，没有不妥帖的地

① 原作归云川，即归有光（1506—1571），明代的文人、学者。王遵岩，即王慎中（1509—1559），明代的文人，号遵岩居士。

② 盐谷宕阴（1809—1867），幕末时期的儒学家。安井息轩（1799—1876），幕末、明治维新时期的儒学家。

③ 冈松瓮谷（1820—1895），幕末、明治前期的儒学家。

方。翻译《常山纪谈》，连原文的一个字也不放过，哪怕是像马的后鬃毛，系铠甲的细皮条那样的琐屑字句，也都加以译定，而且没有一个字是没有出处的。且不说赖山阳和中井履轩；即使荻生徂徕[①]，恐怕也不能够不抛掉笔杆，拜倒在先生的膝下。先生在学术上有这样的造就，却没有像其他人，例如川田瓮江、重野成斋[②]那样得到博士学位，反而作为一个穷光蛋，在家里死去。可是就先生方面说，根本没有因此而受到什么损失，也没有得到什么好处。大概他和川田瓮江及重野成斋不同的地方，正是愈益值得崇尚的地方吧。

赖山阳和中井履轩只有退避三舍

市川团十郎和尾上菊五郎的优秀演技在现代也是最杰出的。我常常拉了妻和孩子去看。就是说，市川团十郎寓意于言外，巧妙地使观众去加以领会；尾上菊五郎表演得彻里彻外，淋漓尽致；两人互相配合，成为奇观。坂东秀调的老练，中村芝玩[③]的优美和艳丽，都足以使观众心旷神怡。但是到了扮演真正的反派角色时，市川团十郎和尾上菊五郎，都不能够使人发生厌恶。因为市川团十郎的姿态文雅，不能够演坏人；尾上菊五郎的姿态是轻松和优美的，不能够做出恶毒泼辣的样子；所以到了扮演高师直、仁木弹正、泷口入道[④]这些反派角色时，市川团十郎和尾上菊五郎都扮得不

① 赖山阳(1780—1832)，江户后期的儒学家。中井履轩(1732—1817)，江户后期的儒学家。荻生徂徕(1666—1728)，江户中期的儒学家。

② 川田瓮江(1830—1896)，幕末、明治时期的汉学家。重野成斋，即重野安绎(1827—1910)，幕末、明治时期的历史学家，汉学家。

③ 中村芝玩(1830—1899)，明治时代著名的歌舞伎演员。

④ 高师直(? —1351)，日本南北朝时代的武将。《假名手本忠臣藏》中的人物。影射赤穗事件中的吉良义央。仁木弹正，即仁木弹正左卫门，歌舞伎脚本《伊达竞阿国戏场》中的人物。泷口入道，即斋藤时赖(生卒年不详)平安后期泷口的武士。

像。我曾经看过这些角色。市川团十郎扮演高师直，说出“井底之蛙[①]呀！井底之蛙呀！你是井底之蛙的武士！”那些话的时候，总是不像从自己嘴里说出来的一样，一点也不显得可恶。于是乎非看市川团藏[②]的不可了。市川团藏出台的时候，眼睛一扫，就会使听众立即发生厌恶，甚至想把他的骨头打得粉碎。我常常想着：如果让市川团十郎、尾上菊五郎、市川团藏这三个人，同在一个戏台上演戏的时候，真正可以演得洋洋大观。

要看市川团藏的了

相扑，在梅谷藤太郎[③]被称为现在的“雷权太夫”的时候，可以说是真正称得起天下无敌的称号的。接连五六年，没有败过一场，也没有出现过一次平局，而一直是取得胜利。西海嘉治郎和小锦八十吉[④]这两位冠军，都比他差得很远。因为没有真正值得授予冠军称号的人的时候，就把这个位置空着；不管空着两年也好，三五年也好，等到有了真正强有力的人，即五六年没有败过的人，才把这个位置授予他的时候，冠军的位置才是值得尊重的，真正称得起天下无敌的称号的。可是就日本相扑协会的营利手段来说，这种办法一定是有些行不通的。所以历代的冠军之间，不免有很大的差别。现在的大炮万右卫门、常陆山谷右卫

现在的雷权太夫

① 原作“鲫鱼呀，鲫鱼呀”，《假名手本忠臣藏》中作“井底的鲫鱼”，喻义“见识狭小，自以为是”，意同“井底之蛙”。

② 市川团藏（1836—1911），著名的歌舞伎演员，明治时期与市川团十郎九世、尾上菊五郎五世齐名。

③ 梅谷藤太郎（1845—1928），明治时期相扑的力士。1884 年获第十届冠军。1885 年夏引退后，承袭了“雷权太夫”的称号。

④ 西海嘉治郎（1855—1908），相扑力士。1890 年获第 16 届冠军。小锦八十吉（1867—1914），相扑力士。1896 年获第 17 届冠军。

门、梅谷音松[①]这些人，强固然是强，可是还不是在两年以内没有失败过的。这大概是时代的趋势所决定的。可是假使截至佩戴冠军的腰带的前一天为止，时常失败，那就不见得有什么值得尊重的了。现在的冠军，大概也不过是像内阁总理大臣一样，因为一定非设立这个位置不可，所以姑且设立这个位置罢了。梅谷藤太郎（雷权太夫）取得冠军的称号，好像已故大久保利通担任内务大臣一样，他的实际比他的名位，还值得尊重些。

这也许是不公平的

然而我却并不因为相扑方面还没有出现高手，就动辄想拿现在的力士去和阵幕久五郎、鬼面山谷五郎、雷电为右卫门、境川浪右卫门[②]相比，以降低现在力士的声价。这种看法，一定是不公平的。为什么呢？相扑这种事情，本来是在互相比赛中分出胜败的。所以两个强有力的人互相比赛的时候，势必胜败各占一半。因而把不同时代的相扑拿来评判绝对的优劣，几乎是不可能的。

近代的三十一位非凡人物

我仔细选择近代的非凡人物，得到了三十一位。他们是：藤田东湖[③]、江户屋猫八[④]、红勘[⑤]、坂本龙马[⑥]、丽丽亭柳桥（后名春锦

① 大炮万右卫门（1870—1918），明治时期相扑的力士，1901 年获第 18 届冠军。常陆山谷右卫门（1874—1922），明治时期相扑的力士，1903 年获第 19 届冠军。梅谷音松，即梅谷藤太郎二世（1878—1927），明治、大正时期的力士。1903 年获第 20 届冠军。

② 阵幕久五郎（1829—1903），相扑的力士，1867 年获第 12 届冠军。鬼面山谷五郎（1826—1871），相扑的力士，1869 年获第 13 届冠军。雷电为右卫门（1767—1825），江户后期的相扑力士。境川浪右卫门（1843—1887），相扑的力士，1876 年获第 14 届冠军。

③ 藤田东湖（1806—1855），幕末时期的政治家，思想家。

④ 江户屋猫八（1868—1932），歌舞伎演员，后为口技艺人。

⑤ 红勘，不详。

⑥ 坂本龙马（1835—1867），幕末时期勤王攘夷活动家。

亭柳樱)[①]、竹本春太夫、桥本左内[②]、丰泽团平、大久保利通、杵屋六翁[③]、北里柴三郎、桃川如燕、阵幕久五郎、梅谷藤太郎、胜安芳[④]、三游亭圆朝、松林伯圆、西乡隆盛、松永和枫[⑤]、常磐津林中[⑥]、岩崎弥太郎[⑦]、福泽谕吉、竹本越路太夫、竹本大隅太夫、市川团洲、村濑秀甫[⑧]、市川九女八[⑨]、星亨、大村益次郎[⑩]、雨宫敬次郎[⑪]、古川市兵卫。然而伊藤博文、山县有朋、板垣退助、大隈重信,不能够列入这些非凡人物之中。至于其余那些庸庸碌碌的家伙,我说,他们呀,他们呀,值不得弄脏了人名辞典的一小块版面。

西园寺公望侯爵

西园寺公望侯爵气宇开阔,见识宏远,而且聪明无比。但是因为过分聪明,对于一切事情,动辄能够立即看透它的结局,所以没有一件事情,足以引起他的好奇心理。也就是说,无论日本发生怎样的事情,在他看来,都是根本不足奇怪的。换句话说,这位侯爵是没有好奇心理的。这就是他所以冷冷淡淡,毫不热心,而且使见过他的面、听过他的话的人,内心的热情也都为之冷却的缘故。侯

① 丽丽亭柳桥,即丽丽亭柳桥三世,原名斋藤文吉(1827—1894),“落语”艺人,后称春锦亭柳樱。

② 桥本左内(1834—1859),幕末时期勤王活动家。

③ 杵屋六翁,即杵屋六左卫门,江户长歌(一种配合三弦、笛子等演唱的歌曲)的师父。

④ 胜安芳,即胜海舟(1823—1899),幕末、明治时期的政治家。

⑤ 松永和枫(1837—1916),明治时期长歌的教唱师父。

⑥ 常磐津林中(1842—1906),常磐津调的太夫。

⑦ 岩崎弥太郎(1834—1885),明治前期的工业资本家。三菱财阀的创始人。

⑧ 村濑秀甫,不详。

⑨ 市川九女八(1846—1913),歌舞伎女演员。

⑩ 大村益次郎(1824—1869),明治时期的军人,兵制改革家。

⑪ 雨宫敬次郎(1846—1911),明治时期的工业资本家。

爵的内心一定说，我想用兵吗？赶不上汉尼拔[①]和拿破仑；想搞政治吗？胜不过俾斯麦和加富尔；况且即使我不干这些事情，而社会上去干的人很多，我何须乎和他人争功名，抢权势呢？所以常常退避不就。他辅助伊藤博文侯爵的时候，好像风中的杨柳，又如菜花丛中的蝴蝶一样，也只是冷冷淡淡，丝毫没有使自己的思想深处受到影响，丝毫没有动摇自己的志气；和郭嘉及荀彧对待曹操的态度，大不相同。侯爵毕竟是不肯做执掌政权的政治家，可惜！

近卫笃麿公爵

近卫笃麿[②]公爵是名门贵胄，到处奔波，一点也不畏辛苦，尤其注意东洋大陆的事情。他不肯在萨长内阁做伴食大臣[③]，唯独欢喜担任学习院[④]的院长，掌管华族子弟的教育，这可以说是他志向远大。但是我只拜访他一两次，不能够了解他的抱负究竟怎样，不知道他将来究竟能不能够符合群众的希望，满足全国人民的意愿。假使他不辜负自己是大织冠公爵[⑤]的后裔，那就是国家的幸福。

黑田长成[⑥]侯爵虽说有崇高的声望；可是我过去一次也没有拜访过他。

犬养毅君

犬养毅，看他的相貌充分流露出一种精明强悍的气概。这一

---

① 汉尼拔(Hannibal，前247—前183)，古代迦太基的将军。

② 近卫笃麿(1863—1904)，明治时代的政治家。

③ 伴食大臣：源于汉语的“伴食宰相”(《旧唐书、卢怀慎传》)，意为尸位素餐，无所事事。

④ 学习院：创办于1877年，专门教育华族子女的学校。战后作为私立学校公开开放，1949年设立学习院大学。

⑤ 大织冠公爵：日本古代，用所谓冠位表示官职的高低。大织冠是冠位的最高级。

⑥ 黑田长成(生卒年不详)曾任贵族院副议长。

定是很有胆量。就他的眼光炯炯有神看来，这一定是由于具有过人的机警和智谋。然而他和自由党互相角逐的时候，动辄让人领先，而不能大为扬眉吐气。我觉得，他这个人，过分带有东方式的性格，过分带有三国志式的性格，无所事事，倒是欢喜白天睡觉以等待三顾茅庐，倒是欢喜扪虱而谈当世之事使主人吃惊，不欢喜死乞白赖地进取；然而终究是一个不容易得到的人才。

大石正巳君

大石正巳[1]君为人活泼，磊落而有大志；用宽大、平易的态度去对待他人，对自己则很严格；表面上好像没有什么事情不做，没有什么事情不敢做；而实际上并不是这样，他所坚持的，有时几乎使人怀疑他是顽固不化。这也许是局外人所看不透的。但是他也不免有这样的缺点：学术是欧美化的，见识是二十世纪的，而行动却是东方式的，并且是三国志式的，加之极端缺乏坚强的毅力，往往在开始时好像逃脱了网罗的兔子，最终却像没有出嫁的少女。现在稍微把态度放谦虚一点，大概就可以成为二十世纪优秀的政治家吧。

尾崎行雄君

尾崎行雄[2]君离开进步党，加入政友会，固然也有另外的打算；可是从表面上来看，却是由于考虑到了：要想赶快参加内阁，洗刷往年发表共和演说所遗留的不利影响，不如趋附伊藤博文侯爵所得到的优厚的皇恩，依靠伊藤博文侯爵以立身出世。至于说他和沙俄互相勾结云云，那不外是暂时欺骗社会上的人们。以上的想象，也许是接近事实的吧？尾崎行雄在节操和大义上终究不能

① 大石正巳(1855—1935)，明治、大正时期的政治家。

② 尾崎行雄(1859—1954)，明治到昭和时期的政治家。

没有弊病。话虽然这样说,尾崎行雄也不能不因而降低他自己的声价。我希望将来能够相信:他更进一步养成了政治家的风度。总而言之,他的智慧,比犬养毅差得太远。

田口卯吉[①]君是一个风度翩翩的出色的博士。在现代所有的文学博士中间,可以说没有人比他的著作更多。

岛田三郎[②]君既有口才,又会做文章,精力也不比一般人差些;而他的声望却不很高,这是什么道理呢?

佐佐友房君

佐佐友房[③]君是一个小心谨慎和操守严谨的人。即使他的政敌,也不会把他当做敌人,倒是抱着总有一天可以彼此共事,而暗中想欢迎和接近他的态度。这一定是由于他的度量比较宽大的缘故。但是他考虑得太周到,恐怕不免有因此而错过时机的地方。我也只想说,再斯可也。

头山满君

头山满[④]君具有忠厚长者的风度;并且只有他,才是一个生长在现在的社会,而完全保存着古代武士道精神的人。他嘴里不说话,而内心明白,大概可以说是一个把机智隐含在朴实之中的人。

坂本金弥君

坂本金弥[⑤]君在外表上,是一个白脸青年,举动轻薄的才子;而内心却确实具有志气和胆量。他的见识和度量,也是高尚和远大的。我只和他谈过一次话,觉得他很可敬。这个人将来是一定可以成名的。

---

① 田口卯吉(1855—1905),明治时代的经济学家和史学家。

② 岛田三郎(1852—1923),明治、大正时期的新闻工作者,政治家。

③ 佐佐友房(1854—1906),明治时期的政治家。

④ 头山满(1855—1944),明治到昭和时期的国家主义者。

⑤ 坂本金弥,不详。

现在的内阁大臣及前任内阁大臣，尤其像加藤高明和山本权兵卫[①]那样的人，一定是多少有点学问的。凡属这些年龄在四十岁左右的人，即使是顶蹩脚的，假使和萨长元老相比，也要强得多；就好像出身于士官学校或江田岛学校的校官或尉官，和那些不懂算术的元帅或大将之间的优劣一样。而那些元老们却还是像公公婆婆那个样子，遇到采取政治措施的时候，动辄大言不惭。这种人是多么妨碍国家的进步啊！“时日害丧？予及女偕亡！”[②]我对萨长元老，也要这样说。

加藤高明君、山本权兵卫君

在这一点上，已故的黑田清隆[③]伯爵，可以说是比其他的人要好一点。

已故黑田伯爵比其他人好一些

近来常常在报纸上看见所谓恐俄病的文章。这大约是说：我国政府过分害怕俄国，并且一定有这种事实存在。但是我还要说，我国政府，即萨长政府，久已得了恐外病。且不说欧美强国，就是对中国和朝鲜，也害怕得特别厉害。看看处理这两个国家的逃亡人犯，往往不能够恰如其分的情形，就可以明白。至于对待其他那些强国，更加害怕得很。那些强国在物质科学和技术方面，大概是真的足以使人惊奇和赞叹的。可是一旦考察道德方面，那么，可怕的地方究竟在什么地方呢？打着外交的旗号，大搞诈骗，那种互相排挤、陷害、拆台、争夺的情况，恰像饿狗抢夺臭肉一样。我看到他

① 加藤高明（1860—1926），明治、大正时期的外交官，政治家。山本权兵卫（1852—1933），明治、大正时期的海军大将，政治家。

② 参看《孟子·梁惠王上》。传说夏桀自比太阳，说：太阳什么时候消灭，我什么时候死亡。因此夏民就用这样的话骂他。意思是：你这个太阳为什么不完蛋呢，我宁愿与你同归于尽！

③ 黑田清隆（1840—1900），明治时代的政治家。

们可鄙，而看不出他们可敬的地方。不过近来八国联军在中国北部的原野连营结寨，联合作战的时候，我国军人看见他们大量暴露的弱点，出现了野蛮的风气，都开始懂得：他们的所谓文明，往往只限于有形物质的表面；至于道德方面，却和我们不相上下，或者比我们差得更远。从今以后，也许稍微能够治好那种所谓恐外病吧？

恐外病与侮外病

从一个极端走到另一个极端，大概是一般人的常情。我国人在明治维新以前，过分轻视和蔑视外国人。说他们信奉邪教去刺探他国的情报；说他们具有特别的臭气，肮脏到了极点；说他们这样，说他们那样。于是各藩的少壮派里面，有一种自称为富有勤王敌忾精神的家伙，一经在道路上遇见蓝眼珠的人，立即拔出刀来，加以砍杀。武州生麦事件，泉州堺市事件[①]，以及其他不胜枚举的杀害外国人的事件，都完全是这种观念所造成的。这真正可以说是侮外病。到了后来下令开放港口，互相通商，一切都模仿外国，又逐渐造成了懦弱的风气。最后结果是陷于恐外病，一经提到外国人，就怕得像害怕老虎那样。这不是真正从一个极端走到另一个极端吗？

日本人是病弱的小孩子

由于这个缘故，日本人现在在外国，所以能够自动遵守正义，而不敢越出法律和制度的范围以外，与其说是由于自己有什么操守所致，倒不如说是由于抱着某种畏惧心理所致。病弱的小孩子自然不做坏事，这是由于他缺乏勇气的缘故。日本人对待外国人，

① 武州生麦事件：1862年7月萨摩藩士在横滨郊外生麦村（现在的横滨市内）杀伤英国人的事件。泉州堺市事件：1868年2月，法国军舰迪普莱克斯（Dupleix）号的水兵十七人在泉州堺市的堺浦登陆散步，被高知藩的藩士箕浦之章等二十人杀伤的事件。

很讲道理，能够说不是有类似病弱的小孩子的地方吗？

巴夏礼和大久保公爵

日本的外交所以委靡不振，难道不是由于我国当局不知不觉地多少害着那种恐外病，动辄做出了类似病弱的小孩子所做的事情所致吗？他们外国人轻视我们，和我国人害怕他们外国人，积习大概是长期造成的。往年（大概是明治七年或八年，即 1874 或 1875）岩仓具视[①]公爵以大使的身份，周游欧美的时候，大久保利通公爵在伦敦和巴夏礼[②]同坐一辆汽车。经过某一条偏僻的马路的时候，恰巧有一只野狐狸跑到车子前面。巴夏礼看见了，立即合掌礼拜。回过头来，望着大久保利通公爵微笑。因为日本人是祭祀狐仙的，所以巴夏礼开了这个玩笑。那个巴夏礼，算得什么东西呢？拿他和大久保利通公爵相比，不仅仅是奴才和主人的关系；而他竟然是这个样子。所以从这一点来说，往年在中日战争期间，以及近日在中国北部战争期间，日本军人在战场上奋勇作战，炫耀了日本的威风，这对于铲除外国人的轻视和侮辱，治好日本人的恐外病，是有巨大的功劳的。然而在政治经济等方面，恐外病的情形依然存在，这是什么原因呢？

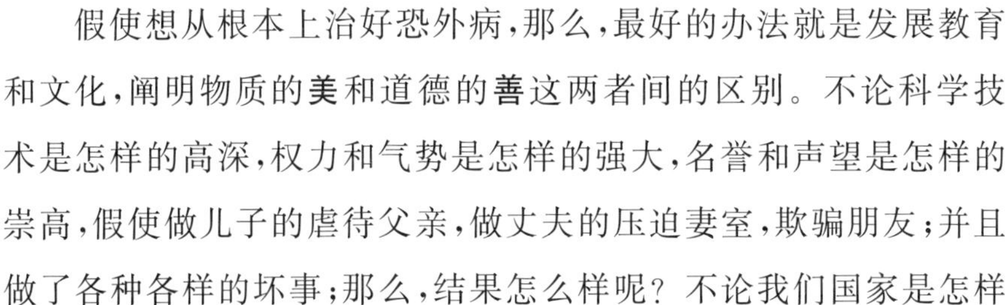

假使想从根本上治好恐外病，那么，最好的办法就是发展教育和文化，阐明物质的**美**和道德的**善**这两者间的区别。不论科学技术是怎样的高深，权力和气势是怎样的强大，名誉和声望是怎样的崇高，假使做儿子的虐待父亲，做丈夫的压迫妻室，欺骗朋友；并且做了各种各样的坏事；那么，结果怎么样呢？不论我们国家是怎样

时髦派没有发言权

① 岩仓具视（1825—1883），幕末、明治维新时期的政治家。

② 巴夏礼（Harry Smith Parkes，1828—1885），英国的外交官。

的强盛，邻国是怎样的软弱，假使我们无缘无故派兵到邻国去，那么，结果怎么样呢？外表的事物，终归是不能够战胜理义的；因为有主要和次要的区别的缘故。现在的时髦派听见这句话，一定要说，这是陈词滥调，不值得一听。可是凡属理义的话，都是陈腐的。把它说出来的时候，虽说是陈腐的；而把它做出来的时候，却是新奇的。况且先生们所认为陈腐的事情，对于国家说，都是极端必要的。男孩子的脸上搽粉，男子汉的头发上涂生发油，这是先生们所认为新奇的事情；而我和社会上的人都认为，那是腐臭和肮脏的。对于理义的事情，先生们还没有发言权呀。

然而仅仅阐明物质和道德的区别，还是不够的。也即物质的美对于促进爱国心，也有巨大的力量；而爱国心的提高，又能够自然而然治好恐外病。因此到朝鲜和中国去的日本人，自然有怜悯他们的念头；来到日本的朝鲜人和中国人，自然有尊崇日本的心理。这没有别的原因，而是由于他们的一切事物，都大大地赶不上日本这样齐备的缘故。就欧美各国来说，他们胜过日本，又不止像日本胜过朝鲜和中国一样。凡属从那些国家输入日本的物品，即使日本国内也出产同样的品种，而质量的好坏，却不能相比。所以日本商人一定说，这是顶好的洋货。凡属一切事物，他们都一一胜过日本，我们自然要发生自卑感。这是一般人所不能够避免的。所以就小康人家以下的人说，不仅必须阐明道德和物质的区别，同时一定要直接促进并使之看到物质的美，以便激发爱国心（至于发生战争的时候，自然又当别论）。所以发展教育和文化，繁荣科学，这两者是互相平行，不可缺一的。

人人都认为必须普及科学。可是各门科学中还有的不容易在日本找到出路。例如物理和化学这两门科学,就是这样。像土木工程、矿山或医学,大概一经在大学毕了业,马上就有出路,被政府机关,公司或私人所聘用。物理和化学这两门科学,却不能够这样迅速找到出路。这没有别的原因,而是由于实业家及资本家的人数极少,对于物理和化学这两门科学的需要还不广泛的缘故。因此听说有些得到了理学士学位的人,往往被玩具商人所雇用,把脑筋用在玩具上面。于是,便在神、佛的庙会时节,去干那牟取暴利的勾当,以求勉强维持生活。这又是教育家所必须知道的一个情况;而促进资本家和学士们相互间的联系,尤其重要。

物理和化学的应用

化学的应用,现在也还不多。所以得到了理学士学位的人,除了当教员而外,把化学应用于实业的门路很少。然而照我看来,化学的用途,是极其广泛的。就医学说,将来假使想得到重大的发明,那就非依靠化学的帮助不可。现在所列的六十多种元素,也许要增加为七八十种,或减少为五十或四十种。想一想,现在运用化学的综合技术制成的物质,虽说只有二三种,例如把氢氧两种元素化合成为水;可是到了化学更进一步地充分发达起来的时候,也许能够制造其他的有机物质,甚至制造血,制造肉;而发达到了最高峰的时候,甚至也许能够用化学方法制成脑子所发生的智力、感觉和判断这三种作用。

未来的大发明

前面已经说过,普及科学,把科学大量应用到工业方面,制成精巧的物品,这不仅在增加国家财富上是必要的,同时在培养人民的爱国心上也是极端必要的。我从前在欧洲进行过考察,在巴黎虽说有两三种爱用的商品是英国出产的;而其他的,都是以本国制造的为上等,价钱也贵些,说这是道地货。在伦敦,情况也是相同

巴黎、伦敦的爱国心

的。除了两三种商品，尤其像化妆品，爱用法国货以外，其余都是爱用本国的商品，把它们当做道地货。所有这一切情形，都可以认为是人民在无形中表现了爱国心；同时也可以知道这是在培养人民的爱国心。

崇外卑内是国家的大祸

假使与此相反，把本国出产的一件件商品都当做次货，中产阶级以上的人都仰仗外国货来供应消费，那么，战时姑且不谈；平时自然要倾向于崇拜外国，轻视本国。这大概是一般人的常情。崇外卑内是国家的大祸；而不止是男尊女卑，不止是官尊民卑。

洋姨太太和时髦派

横滨洋行的经理、洋姨太太，是崇外卑内主义的主要提倡者；其次是时髦派，也就是那些宽衣大带的家伙。除此以外，各个阶级的人物里面，不知道有多少暗中抱有这种主义的人。这应该是可憎恨而又可鄙弃的。

现在的外交官

然而手段高明地采取最有学问的崇外卑内主义，真正使人家丝毫也未能发觉的聪明人，却是现在的外交官。这又不止是可恨和可鄙的了。我想说，让这些家伙去担当外交事务，危险得很呀！

国民堕落的历史

我在这本书的前面说过，日本人相继沉沦到了腐化堕落的境地，这是令人叹息的！我以为，日本长期实行封建制度，每个人都被禁闭在各个阶级和各个家族里面，没有摆脱的道路，绝对不允许自由竞争。也就是说同属于农工商这几个行业，贩卖米谷的人，不管经过了几个世代，也还是贩卖米谷；贩卖酒类的人，不管经过了几个世代，也还是贩卖酒类；改行换业的人是极少的。全国人民几乎一概变成了化石，绝对没有变化，绝对没有活动。于是像衣食住这几个方面，每一个阶级各有自己的习惯，既不允许比习惯的奢侈些，也不允许比习惯的俭省些。整个社会好像鱼介的形体或甲壳不可改变一样。总而言之，中产阶级以下的人，造成了朴素的风气。不，超过了朴素的限度；也就是常常是过着非人的生活。到了后来，实行明治维新，日本和欧美各国，互相交际往来，把这些国家的货物，以及制度、文化、习惯、风俗、服装一起传入到日本的时候，日本的固有文化，陡然烟消云散，整个国家，一齐闯进了新的世界。虽说也有官民，上下的阶级存在，而生活方式却互相混合，打成一片。假使有经济力量，就可以坐马车，就可以住高楼大厦，而没有界限或等级的差别。于是生活水平陡然提高，人人都希望追求超过自己的经济力量以上的娱乐，千方百计想得到它。于是乎做官吏的人，就接受礼品及贿赂以养肥自己。经营工商业的人，就钻营奔走，投靠背景，互相勾结，寻找牟取暴利的机会。再加上日本西部的武士，数百年来，受尽了苛刻死板的法律及制度的束缚，到了明治维新的时候，忽然做了大官，参加国家的政治活动，好像放射出去的箭一样，急速地趋向骄奢淫逸，大大地造成和煽起了城市的荒淫和糜烂的风气，成为日本全国的吃喝玩乐的样板；从官僚资本家、富商大亨，到其余的中产阶级以下的人们，也都相继沉沦，以为这是自己的阔气。这就是现代我们日本帝国的官民上下，贵贱贫富，一般人等所以造成了奢侈、淫逸的习惯的历史。教育家、社会事业家、政治家，一开口没有不谈论腐化堕落问题的。这的确是一件好事。可是假使睁开眼睛全面地看看，那么，一张一弛是人道之常。其所以造成现在这样的风气，大概是时势决定的，是自然的历程，是必然的程序。唯一成问题的地方，在于除了这个地狱之外，能不能够好好地打开一线活路；在于能不能够好好地走上康庄大道，到达长安。而我在前面已经说过，早就出现了良好的预兆；东

方的天空，已经透露了一线曙光。

除此以外没有别的好办法

从现在起，各个阶级的人，都应该稍稍加强自己的品德修养，以求适合理义的标准。而且从利益的观点去考虑，也应该懂得不如这样做。再就这五六年以来，金融继续不断地紧张，工商业继续不断地萧条的情形来看，应该知道：浪费不如储蓄，而储蓄在于节约，除此以外，没有别的好办法；应该能够做到：自然地减少奢侈和靡费的风气，也就是说，不要再像过去那样，过分追求不义之财。

《万朝报》的理想团

万朝报社提倡理想团[①]，恐怕正是由于认清了现在的时机，而这样做的吧？

我虽说还不知道理想团的详细宗旨；但是觉得，它应该在于：人人加强自己的品德修养，互相砥砺名誉和气节，哪怕像约定见面的时间那样的小事情，也不差错片刻。总而言之，要毫不懈怠地努力做一个君子。这是善良的志愿。在政党已经搞成那个样子的现在，所谓宣言，所谓政纲，都不过是仅仅罗列一堆空话。作为人民的人，自己如果不依靠自己，就再也没有政治家可以依靠。这大概就是必须成立理想团的原因吧？既然说是理想，哪怕现在在形势上办不到的事情，即使如纯粹的理义标准，也应该用口讲，用笔写，可以期望将来一定有某一年、某一天可以实行；也即像自由、平等、博爱，以及其他废除那种使世界各国互相隔离的国界，消除战争，统一货币，设立世界统一的政府，废除土地私有制度和遗产继承权等，也应该列入研究的范围内。这是宏大的志愿。这也许会遭受

---

① 理想团：《万朝报》社内由社长黑岩周六及幸德秋水、堺利彦等人发起的一个团体。

到下狱的痛苦，可是还应该抱定在所不辞的志愿；这也许要遭到不懂理义的暴徒的暗杀，可是还应该不加逃避。不应该像某党的某个党员那样，丧失了区区一把交椅，就精神委靡，头晕目眩，冒冒失失地改变志愿，抛弃有了十多年交情的老朋友，去投降敌党，成为羡慕世俗虚荣的，无情无义之徒的集团。假使真正能够这样，那么，请各位团员保重身体吧！我将来也要从墓碑的后面，举手向你们祝贺呀！

在墓碑后面举手祝贺你们

各位团员！假使要想实现你们的志愿，那么，请放下政治，到哲学方面去探讨吧。因为这就是用哲学打倒政治，这就是用道德压倒法律，这就是用良心上的奖赏扫除庸俗的官爵和勋章。应该把那些披红戴紫，在高楼大厦飞来飞去的号称绅士老爷，号称达官贵人的，活的稻草人，一概排斥在千里以外；而唯独没有一官半职的高尚的人，才是足够挑起这副担子的人。请各位团员保重身体！

驱逐活的稻草人

上月十九日起，各学校照例放暑假。八月三日，我的在早稻田中学肄业，现年十三岁的大孩子从东京来了。每天午饭后，就到大滨[①]去游泳，顺便捞取蛤蜊回寓。这里的蛤蜊是有名的，我特别欢喜吃蛤蜊，于是每天用它做汤吃。即使巴黎盎格鲁咖啡馆的汤，也赶不上它。我从得病的时候起，很欢喜甜食。于是每天早晨吃稀饭，必定加上白糖；吃桃子和李子之类，也都加上白糖。看来肠胃大概都是很健康的。而近来喉头特别感到紧迫和狭窄；颈上肿块的地方，从每晚七点钟起发痛，进而引起左头部神经痛，到八点钟才停止。这只是因为近几天的气候暑热所致呢？还是由于我天天

比盎格鲁咖啡馆的汤味道还美

① 大滨：是堺市海水浴场的所在地，滨临大阪湾，附近有公园和飞机场。

执笔，写我的《一年有半》，对于社会的各个阶级，都不遗余力地加以唾骂，所以老天也许厌恶我，嗾使那个一年半的癌症，撕毁约定大踏步而来，以便赶快惩罚我，而未尝不是想掐断我的所谓命根子呢？假使真正是这样，那么，我也应该加快步伐，争取能够做到：多起草一页原稿，多骂倒一个人，多破坏一件事。于是在这非常暑热，即使健康的人也只好白天酣然而睡的时候，我以害病和瘦弱的身体，每天执笔，而不敢松懈。也许老天对于我这个顽固的骂人的脾气，也不能够不感到惊异吧？哈哈！

我住在这个地方，大致每隔一二天，必定收到东京看门人的来信，而且没有一封不是报告债主来讨债，或法警来封门的。就这种情形看来，不仅我自己害着不治之症，恐怕还可以说，我的东京住宅也害着恶性的病症吧？在这内忧外患的时候，我的骂人的脾气，发作得更加厉害，这不也是应该的吗？在这样的遭遇中，只有我的妻室，我的孩子，我的笔，和我相依为命。然而这就使我满意了！除此以外，再也不需要从外界得到什么。

德不孤

然而我的房东大上君，以及堺市的知心朋友，看见了我的这种情形，都很表同情，对我的招待，相当优厚。这些人士，大概都充分具有可以加入万朝报社理想团的资格。我自己所得到的安慰，不下于是万户侯，所谓“德不孤，必有邻”，[①]大概就是这个意思吧？

最近以来，日本各地的报纸上，没有一件有趣的消息。大阪市长辞职；物色代理人选；伊藤博文大勋位停止北海道旅行；尽是这样一些报道。而对我说来，一件也不值得放在心上。我所希望的

---

① 《论语·里仁篇》。

是，等到立秋以后，大阪堀江的明乐座和御灵文乐座开台的日子，我幸而还能够来往行走，听听两三次大隅太夫和越路太夫的义太夫派净琉璃，看看吉田玉造和桐竹纹十郎的木偶剧，以便能够来得及向这个娑婆世界[①]告别，这是我的至高无上的愿望。我不但爱好音乐和戏曲，而且能够和这些杰出的艺术家生活在同一个时代，真是幸运！可以说，我是不能够叹息遭遇不好的。

兆民居士并不是遭遇不好

（1901年8月3日脱稿于堺市）

① 古印度传说中包括三千大千世界的一个极大世界的名称。佛教沿用其说，以娑婆世界为释迦牟尼所教化的范围。这里泛指人类社会。

续一年有半

（无神无灵魂）

引　言

《续一年有半》，一名无神无灵魂，是兆民先生阐述自己的部分哲学观点的著作。

先生的哲学，实际上超出了古今东西的学说，超出了宗教，独自成为一个体系，可以叫做中江主义。先生作为一个哲学家，好像多年来就有一个愿望，要写作一部卷帙浩瀚，详细而严密地论述自己的哲学体系的著作；常常对我们说：要达到这个目的，必须贮备若干年的粮食，必须备有万卷图书，必须完全摆脱世俗事务的累赘，并且打算经过充分的思考，然后再写。但是可悲得很！到现在为止，先生还没有得到具备这些条件而后下笔的机会。

从今年四月起，先生在大阪得病，躺在床上，被宣告余命只有一年半。加上近年少有的梅雨季节的抑郁气氛和延续的如火似烤的酷暑，连身体健康的人也忍受不了。何况又住在诸多不便的旅寓，要系统地写作一部卷帙浩瀚的著作，这无论如何也不是身患重病的人所能够办到的。先生曾经这样想过：遗憾得很！恐怕只能够把《一年有半》作为绝笔，而不能够写作哲学部分了吧。但当时又这样谈过：可是如果到了秋凉的时候能够写，也还是打算写的。

上月即九月十日，好容易能够回到了东京。当然不用说，病势愈益沉重，而且继续恶化，已经不能够说话了。肿块渐渐发痛，以致所有谈话都只能是笔谈了。医生所说一年半的期限好像要大大缩短。先生说:终归是不治之症,所以没有疗养的必要。不过假使还能够得到些微的时间,即使只能够写一写哲学大纲,也还是想至少写下来。如果一天写五页,那么,能够再活二十天或一个月,也就足够了。如果活着,就得做研究工作。假使能够请浅川范彦博士担任主治医师,桥本纲常和冈田和一郎两位博士担任临床诊断,那就有把握再活两个多月。在上述前提下,开始写作,结果完成了这部著作。

用切开的气管呼吸,只有奄奄一息;四肢五体,枯瘦得像仙鹤一样;而一经拿起笔来,就呈现一泻千里的气势。全家从太太起,一致劝告:如果那样写下去,恐怕病势要加倍沉重,痛苦不堪吧!先生却这样回答:即使不写,痛苦也是一样。治病不是为了身体,而是为了著作。如果不写,那么,活在这个世界上,就没有用处,还不如立即死了的好些。总是一股劲儿地写。疲倦了就休息,就睡眠;醒了就写;这部著作,就是这样完成的。

病房是连接着走廊的一个侧室,先生住在这个套间的里面的一间。夜里也只是一个人睡眠。半夜醒来,万籁俱寂,人影绝迹,只听到四壁的蟋蟀发出唧唧的声音。这个时候,好像已经走进了坟地一样,心情平静,最适宜于进行哲理的思考;所以先生大多在半夜写稿子。每天只休息一两小时;病势恶化的时候,也连续休息两三天。但是尽管如此,仍然在九月十三日到二十二三日这短短十天左右的时间,完成了这部著作。事情虽说到了现在的地步,而笔杆还是这样强健,这的确是惊人的!

但是如果想到久已怀抱的准备若干年粮食和万卷图书,完成有系统的哲学巨著的希望，现在变成了日益受着贫困的逼迫，一本参考书也没有，必须只用十天、二十天的光阴，忍受疾病的痛苦，特别急急忙忙地写成的状态，想起来实在严酷到了极点！这部著作也根本是信笔写下来，原样未动连推敲一个字和修饰一句话的闲暇时间也没有。一写起来就控制不住，病势也相当严重了，所以就这个样子算了。这样说着，把稿子交给了我。我想一定要趁先生在世的时候出版，因而草草付印了。一颗金刚石胜过千万块瓦砾。即使没有花费长久的光阴，即使不是长篇巨著，这部著作倒真正能够留传先生的哲学精华。我们固然不能够窥测先生的学问于万一；但是相信：假使后世有人想发扬先生的学问，那么，恐怕有很多的地方，需要借重这部著作吧。只有这一点，才算是不幸中的大幸。

这部著作，不外是《一年有半》的续篇。即使内容完全不同，但是著作时间，仍然属于一年半的期限以内；而先生的境遇，又丝毫没有变化；因此，特别标出了这个题目。

卷末附录了先生的旧著《理学钩玄》[①]一册。因为我相信：这本小册子不仅包括古代以来哲学上各个学派的学说，极为提纲挈领，能够使读者一看就容易懂得西方哲学是什么，对于阅读本书的读者，具有很大的参考价值；并且他的文章，也是苍劲精练，很可以做后学的模范。

因为觉得有必要说明一下这部著作的出版以前的情况，所以

① 《理学钩玄》是中江兆民编译的一部哲学著作，曾附录在《续一年有半》初版之后。但后来出版的《一年有半·续一年有半》通行本一般均未再收录，中译本也没有翻译。

写了冗长的引言，放在这部著作的前面。衷心请求先生及社会人士赦宥我这种僭越的罪行。

明治三十四(1901)年九月

门人幸德秋水　谨识

第一章　总论

研究理学即社会上所谓哲学的问题，局限在五尺的身躯以内终究是不行的。即使勉强可以，而所说出来的道理，在不知不觉的情况下，都不免成为孤立的。局限在人类的范围内也是不行的；局限在十八里的大气层以内，局限在太阳系天体以内，也都是不行的。

所谓空间，所谓时间，所谓世界，本来都是独一无二的存在。不论用短促和狭隘的想象力如何加以想象，也没有道理认为空间、时间、世界这些东西可以是有始的。同时没有道理认为上、下呀，东、西呀是有极限的。然而由于局限在五尺身躯呀、人类呀、十八里的大气层呀以内，而且受到自己的利害或希望的制约，疏远并蔑视其他动物，如禽兽虫鱼，仅仅从人这种动物来推断并加以思考，所以罗列一些有利于人这种动物的论点，发出极端违背逻辑，极端违反哲学的呓语：神的存在呀，精神不灭，即身体死亡以后，还能够保持各自的灵魂呀等等。

柏拉图、普罗提诺①、笛卡尔和莱布尼茨都是胸怀宽广，眼光远大，认识透彻的杰出人物。可是也在不知不觉之中，考虑到自己死亡以后的情况，受到自己的同类动物即人类利益的引诱，自己不反

① 普罗提诺(Plotinos，205—270)，古希腊哲学家，新柏拉图主义哲学的创始人。

省天堂、地狱、唯一神、精神不灭这一类的说法是像烟一样的，不，如果是烟，还是实际存在的，而这些东西只是说话时溅出的泡沫。而他们堂堂皇皇地著书立说，厚着脸皮地论道谈理，这是多么可笑啊！再者，许多欧美学者无不受到幼小时和母亲的乳汁一起吸收的、并融化在身体和血管里的迷信思想的支配。也就是说，有人说到无神呀、无灵魂呀，他们就认为好像是犯了大罪，真是可笑之极。

诚然盗跖肝人肉，极端的横行霸道，逞凶肆虐，而得以长寿；颜回号称复圣，却短命而死。除此而外，社会上往往习惯于逆取顺守的土豪劣绅得到了荣华富贵；而品行公正的人物，却连糟糠都吃不饱，饥饿而死。看看这些情形，那种认为来世有真正公平的法庭存在的说法，对大多数人来说是迎合他们的心理的。尤其对于那些身患重病，一年半载，和一天天、一月月正在趋近死亡的人来说，假使有深为仁慈和绝对公正的神存在，而灵魂又是不灭的，也即身死以后，灵魂还能够保持独立的性质，那是很可以自我安慰的。但是这样说来，如何对待哲学的庄严性呢？又如何对待冷静地只承认真理的哲学家的性质呢？我已经活了五十五年，稍微读了几本书，懂得一点理义，可是我不幸没有勇气说出神的存在和灵魂不灭这样的梦呓。

我认为，哲学家的义务，不，哲学家的根本资格，就是在哲学上抱着极端冷静，极端直率，极端不妥协的态度。所以我坚决主张无佛，无神，无灵魂，即纯粹的物质学说。不局限于五尺身躯，人类，十八里的大气层，太阳系，天体，直接把自身放在时间和空间的中心（如果无始无终、无边无限之物，也有中心的话），而不把宗教教义放在眼里，不理会前人的学说，在这里提出自己独特的观点，主张这种理论。

（一） 灵魂

首先从灵魂开始探讨吧。所谓灵魂是什么呢？

假使想一想眼睛的视觉，耳朵的听觉，鼻子的嗅觉，口的饮食，手足的捕捉行走，就不能不说，这实在是不可思议的。是什么力量在主宰它呢？至于想象力和记忆力，更是不可思议的。以至现在的国家、社会，又是什么力量构成的呢？能够阐发并推进各门科学，迈出野蛮状态而趋向文明的，都不能不说是所谓精神的力量。如果说到那种身躯，毕竟不过是限于五尺或六尺的范围，用十三种或十五种元素捏合而成的一块顽肉。所以神妙的精神必然是主宰，由顽肉形成的身躯一定是它的仆从云云。

这种说法，正是陷入重大错误的首要原因。所谓精神，不是本体，而是从本体发生的作用，是活动。本体是五尺身躯。这五尺身躯的活动，就是精神这种神妙的作用。例如，像炭和焰，薪和火的关系一样。漆园吏庄周已经看穿了这个道理。就那十三种或十五种元素暂时结合的身躯的作用即构成精神来说，就身躯还原即分解也即身体死亡来说，这身体所起的作用即精神，按理也就不得不同时消灭。恰像如果炭成灰，薪烧尽，那么，焰和灰就同时熄灭一样。所谓身躯已经分解，而精神还存在，这是极端违背道理的话。假使具有健全的头脑，不受宗教的毒害，不考虑自己死后的情况，按理就无法理解这种说法。什么辣椒已经不存在了，而辣味另外存在呀，什么大鼓已经破碎，而咚咚的声音独自留下来呀，这难道是从思考理义的哲学家的口中一本正经地说出的话吗？在十七世纪以前的欧洲，如果主张无神无灵魂的学说，就要被处以水、火的酷刑，所以那也许是事属迫不得已，而在言论自由的原则支配下的今天，还发出这种梦呓，这成什么话呢！

所以身躯是本体，精神是身躯的活动，即作用。身躯要是死亡，灵魂就要同时消灭。也许这种说法，对于人类是太冷酷无情了。可是假使这是真理，那么，即使冷酷无情，也是无可奈何的。哲学的宗旨，不是权宜性的，不是讲温情。即使是不妥协的或直率的，使自己内心的推理不满意的话，也是不能不说的。

假使像宗教家及被宗教所迷惑的哲学家从人类的利益推断出的言论那样，果真有所谓精神的东西存在于身躯之中，并且是和身躯脱离的，独立于身躯之外的，恰像木偶剧演员操纵木偶一样，成为身躯的主宰，即使到了身体分解的那一天，也即身体死亡的时候，这种精神如果另外存在，那么，它存在于身躯中的期间，是处在哪一个部位呢？在心脏中吗？在脑髓中吗？抑或在肠胃中吗？这恐怕是纯粹属于想象的说法吧。因为这些五脏六腑，全都是由细胞组成的，难道那种精神会成为几千万亿个碎片，寄居在这些细胞中吗？

有人说，精神是无形的，并不是有物质存在。这真正是一句没有意义的话。凡属无形，都是指我们的耳朵和眼睛接触不到的，不，即使正在接触，而我们并未觉察到的东西而言的。即如空气，只有从科学上观察，才是有形的；只有用显微镜观察，才是有形的；而肉眼来看，正是无形的。凡属无形，都是指像这样，即使有物质存在，也极端微小，即使我们觉察不到和它接触，其实仍然是有形的东西。假使那种精神并不是像这样，而是纯粹无形的，没有物质的，那么，这不就是虚无吗？所谓虚无成了身躯的主宰，这果真是妥当的吗？

凡属无形的东西，都是指到现在为止在科学上还不能够掌握，或即使在科学上能够掌握，而肉体却感觉不到的东西。即如光、热、电这一类现象，在科学日益进步和发达了以后，也许不是最终不能够用显微镜看出来的吧。又如那种精神，也许就是由于灰白色的脑细胞的作用，它的每一个活动，都有极端微小的分子在飞散吧。凡属就科学上尚未解决的问题提出一种假说，当然要极力选择近乎情理的。也即，我们预先假定精神也是身躯中的脑神经在细缊、摩荡[①]时所产生的，就像视觉、听觉、嗅觉、味觉，以及记忆、感觉、思考、决断等等活动，每一次活动，都能够看见极端微小的分子，宛如瀑布向四面溅出水花一样，这大约不一定是违背道理，使人的良心感到愤怒的事吧。反之，那种认为既无分子，又无形质，而纯粹是虚无的精神成为全身的主宰，产生各种各样活动的说法，难道不是完全违背道理的吗？难道不是具有使人的良心感到愤怒的性质吗？

（二）　精神的死灭

且就生育这件事情想一想吧！试就得失消长的大道理加以思考吧！凡属胎生的动物，自身死亡以后，大都是留有儿孙。并且作为父母把自己的身体及其所可能发生的精神分给了它的儿孙；也

① 语出《周易》《系辞下》："天地细缊，万物化醇"；《系辞上》："刚柔相摩，八卦相荡"。细缊是阴阳交合，化醇是产主新事物；摩荡是异性相引，同性相斥的意思。

就是说，儿女是父母的分身，父母死亡而儿女留下。这是符合得失消长的数学原理的。

看吧！蚕蛾产了卵以后，不是马上就要死亡的吗？假使说，蚕蛾的身躯和精神遗传给了卵，而蚕蛾也只是身躯死亡，精神仍然单独存在的话，这在道理上说得过去吗？也就是说，假使张三李四各人都留下了儿女，而这个张三和李四死亡以后，灵魂单独存在而不消灭的话，那么，这个灵魂国的人口，恐怕要大量增加，繁殖到十亿、百亿、千亿、万亿、十万亿以至无限，而没有一个或半个消灭吧。这果真能够说是符合得失消长的数学原理吗？

凡属具有生命的东西，也即虽为草木，也与人兽无异。凡属父祖辈，都是因为有儿孙，才得以不朽的。但是既然因为有儿孙得以不朽，还要说而且除此以外，自己也能够不朽，这是过分信口雌黄的话，是极端违背哲学道理的。假使这话是从快要死的乡下老婆婆的嘴里说出来的，那姑且不论；而以哲学家自命的人物，也说出这种极端违背哲理的话，这就简直是不知道人类社会还有羞耻的事情。

（三） 身躯的不灭

所以身躯是本体，精神是身躯的活动即作用。正是因为这样，所以身躯一旦停止了呼吸，它的作用即视觉、听觉、言语、行动就要立即停止。也就是，一般来说身躯如果死亡，精神就要消灭，恰像薪已经烧尽，火就要熄灭一样。

按照这个道理说，所谓不朽或不灭，并不是精神所具有的属性，反而是身躯所具有的属性。为什么呢？那种身躯是由若干种元素结合而成的。所谓死亡，就是这些元素的开始分解。但是元素即使发生分解，并不消灭。它们一经发生分解，也即身体发生腐烂的时候，其中的气体元素，就混入空气中；其液体或固体元素，就混入土地中。总而言之，各种元素即使相互离散，仍然分别存在于这个世界的某个地方。有的随着空气一起被呼吸，有的被草木的叶根所吸收。不仅是不朽不灭，并且一定发生某种作用而循环无穷。

所以身躯即物质，即元素，是不朽不灭的；只有身躯的作用即精神，却要腐朽，消灭，而不留痕迹。这是用不着证明的道理。大鼓如果打穿了，咚咚的声音就要断绝；洪钟如果敲破了，铛铛的声音就要停止。而那打穿了的大鼓和敲破了的洪钟，不管嗣后变成什么样的形状，也不管毁坏成什么样的碎片，一分一厘都没有消灭，而存在于某个地方。这就是物的本体同活动即作用的区别。

孟春道路上被南风吹起的尘土，不管它看起来是多么地粗糙，多么地虚幻，也还是不朽不灭的。有的混入河水，有的黏附于店铺所陈列的物品上。即使随时变换位置，也一定存在，绝不消灭。不管它多么粗糙，仍然是若干种元素结合而成的。它和我们的身躯是同类的元素；而和宗教家或被宗教毒害的哲学家所说的虚无的精神，或我们所说的作为身躯的一种作用的精神，却不属于同一科目。所以尘埃是不朽不灭的，精神却具有必朽必灭的性质。

释迦牟尼和耶稣的灵魂久已消灭；而道路上的马粪，却和世界一起永远存在。天满宫即菅原道真[①]的灵魂，在他身死以后，就立

① 菅原道真(845—903)，平安前期的学者，政治家。天满宫是他死后人们为他设立的神社名称。

即消灭；而他所心爱的梅花树的枝叶，却散落为几千几万，至今还存在于世界的某个地方，也就是不朽不灭。

不朽不灭的话，在宗教家的心目中，不知是多么地高尚，多么地神妙，多么地不可思议；而在冷静的哲学家的心目中，却是一切物质全都具有的一种属性。凡属物质，没有一种不是不朽不灭的。类似于真空的虚无的灵魂，不仅谈不到不朽不灭，而且根本不存在。那是唯灵派[①]哲学家说话时溅出的泡沫。

（四） 来世的审判

宗教家及被宗教所迷惑的哲学家往往说，现在这个世界实在是不完全的和不纯粹的。做好事也不一定受到奖赏；做坏事也不一定受到惩罚。甚至坏人享尽荣华富贵，好人却有时不免冻饿而死。只就这一点说，无论如何，都不能够使我们的良心感到满意。这就是一定有未来世界存在的证据。所以在未来世界中有纯粹的和完备的审判存在，按照所做好事的大小或所做坏事的轻重，分别加以奖赏或惩罚，在权衡上丝毫也不会发生错误，借以补偿现在这个世界的不公平，使愤愤不平的良心感到满意。可是假使人们的身体死亡，灵魂就跟着消灭，在这种情况下，就不能够受到最后的审判。万能的神所做的事情，不会是这样不完全的。据说好人一定得到奖赏，坏人一定受到惩罚，肯定是不能够侥幸避开的。因而灵魂的不朽不灭是必要的云云。

---

① 唯灵派：原作“虚灵派”（Spiritualism），即指唯心主义派别。

啊！这话极端违背道理，极端违反哲理，这不外是使意义愈益纷扰和杂乱，让人宛如走进了古代的迷宫一样。因为这是想把没有意义的语句联系起来，使它产生某些意义的缘故，所以更加引起了混乱。

所谓现在这个世界的审判是不完全的，正是局限在五尺身躯以内的说法，局限在人类范围以内的论调。好人有时得不到奖赏，坏人大多逃避了惩罚，这究竟是谁干的事情呢？不是我们人类自作自受的罪孽吗？不管去向谁控告，也只可能得到这样一句批驳："这是你们自己造的孽，除了你们自己悔改以外，没有别的办法。"这是离开了十八里的大气层就行不通的诉讼；不，即使在十八里的大气层中，也只是通用于横眼、竖鼻的动物的议论。所谓盗跖荣耀而颜回贫穷这种事情，对于鲫鱼或鲤鱼来说，一点关系也没有；所谓无耻的家伙青云直上，侥幸取得显赫的地位，掌握国家的大权这种事情，对于猪或牛来说，都没有利害关系。

生长在无始无终、无边无限的世界里，提出人类社会所发生的，连一粒芥菜子也比不上的小事情，喋喋不休地说什么这个世界的审判呀，来世的审判呀，神呀，灵魂呀，好人呀，坏人呀，而不是把人类内部的事情放在人类内部处理，努力做到逐渐避免错误和逐渐接近正义，也就是说，不按照用自己的力量处理自己身边事情的原则去加以解决，反而虚构世界上不可能存在的神，幻想事实上和道理上都通不过的灵魂不灭，试图勉强掩盖人类社会的缺陷，这恐怕不能够不说是没有出息的。

看吧！社会的现状不是不理睬这些家伙的梦呓，人类内部的事情就在人类内部处理，假使和古代相比，坏人不是大多逃不掉惩罚，好人全都得到社会的赞扬吗？也就是说，社会的制裁不是正在逐渐发生效力吗？法律、制度不是正在逐渐得到改进，摆脱野蛮状态而趋向文明，大体上不断取得进步吗？有什么必要一定非幻想出来世的审判，幻想出神，幻想出灵魂不灭不可呀。如果不批驳宗教及被宗教所迷惑的哲学家的梦呓，真正的人道就不能进步。

这些家伙动辄说，大多数的人，不，几乎整个人类正因为畏惧来世的极端严格和极端周密的审判，所以自己警戒和约束自己，努力去做好事而避免坏事。即使有了这种畏惧心理，也还有人触犯刑法；何况有人认为这个世界就限于这个世界，假使得到了荣华，就有相应的利益，假使逃掉了惩罚，就有相应的幸福，品行公正而陷于贫穷境地的人，是极端的愚蠢。假使这种话是成立的，那么，道德和风俗不知道要败坏到怎样的地步了。也即欧美人所以厌恶那些没有信仰的人，把他们当做强盗一样看待，就是由于这个道理云云。

啊！这是多么卑俗，多么浅薄的话啊。凡属不考虑外界的一切利害关系，仅仅为了好事而做好事，为了坏事而避免坏事，也就是说，只有丝毫不夹杂任何企图，那么，所做的好事才值得表扬，所做的坏事才应该惩罚。如果别有所图的时候，那就要变成好事也不成为好事，坏事也不成为坏事，好坏混淆，邪正错杂，而无所适从了。而且就宗教对道德的作用说，它的力量实在是脆弱的。其证据就是：在欧洲，宗教最盛行的是中世纪时期；然而这个时候的欧洲各国，都沿袭了封建制度。国王和诸侯经常互相倾轧；就刑罚说，实在苛刻和残酷到了极点。嗣后到了十七、十八世纪的时候，科学逐渐发达，宗教信仰渐趋衰退；然而人道方面却得到了非常巨大的进展，这是中世纪所不能够比拟的。再看看中国和日本吧！尽管这两个国家对于宗教都极为冷淡，而人民却是温和的。那种大胆做出使人悲痛心酸的坏事的人，不是要比古代欧洲各国少得多吗？所以我们并不相信那种说法：认为畏惧来世审判的心理，能够发生制裁罪大恶极的坏人的效力。

而且为了在现在这个世界上劝善惩恶，而幻想出来世的审判，幻想出神，幻想出灵魂，这是一种权宜的说法，而绝不符合哲学的精神。就哲学的精神说，如果是真理，即使对整个社会不利，也要加以发扬，这才可以说是符合哲学的根本精神。

现在，英、法、德，即欧洲的科学最发达的第一流国家，有很不少的人，都由于内心相信科学技术，暗中对于前后互相矛盾的宗教仪式和教条，抱着极端冷静的态度；即使天主教徒最多的法国，也有极多的人公然毫无顾忌地在星期三这个封斋的日子吃牛肉；而一般人的道德水平，比起中世纪来却可以说是有了很大的进步。假使还想另外举出证据，来证明宗教上的权宜性的信条在道德上没有实际效力，那是很多的。

（五）　多神论

至于神，不论是一神或多神，都不能够不说是极其违反哲学的。

首先讨论多神论吧。也就是把太阳、月亮和其他山川、景物等当做神，加以崇拜，加以祭祀如此等等，是不值一笑，没有加以驳斥的价值的。假使祭祀古代那些英雄豪杰，有功于国家的人物，或创立了一个宗派的开山祖师，以表示自己的敬意，固然也没有特别不适当的地方；可是像烧香祭拜，以求大显灵验的那种举动，却是最没有意义的。这些人物的精神，也是跟着身体死亡而同时消灭的。即使烧香祭拜，也不能够显出丝毫的应验，而不免成为所谓淫祠。三家村的老翁和老婆婆，祭拜这些景物或古人的已经消灭了的泡沫，倒也还可以原谅；至于读了书，懂得理义，具有五尺身躯的堂堂正正的男子汉，也一本正经地祭拜这些事物，那就实在无法形容了。

而且这不止是违背道理，令人可笑，同时对于人类社会的实际生活，也有严重的损害。例如往往有人遇着害病的时候，不请医生进行适当的治疗，却胡乱去朝山烧香，求神许愿，以为自己有了保障，而结果是治不好病。又如，往往有人将要出门去处理刻不容缓的工商业务，可是由于受了这些神社或庙宇的灵签的影响，陡然犹豫不决，展期外出，错过了时机；甚至往往有人用朝山烧香做借口，为男女做媒拉纤，以便从中取利；把鸦片或吗啡这一类麻醉药搀入糖果和饼干里面，显示暂时的效验，或夸张止痛的功效，以便蛊惑信徒。对于哲学家来说，连说这些话也是可耻的；对于题为哲学的书籍来说，连写这些话也是可恶的。而且灵魂不灭之类梦呓的流弊，竟然达到了这种地步；而牛矢不灭，马粪不朽，却因为是科学的真理，绝对看不出这种流弊。

（六） 一神论

一神论如果和多神论比较起来，是可以看出一些进步的痕迹的。然而一神论的起源，是孕育于多神论的；随着时代和社会的发展而取得了一些进步，具有了一些学术性。这里面，有一种凭借高超和雄深的才能，企图风靡当世，压倒后代的人，随心所欲地驰骋自己的想象能力，提出了过分厌恶平凡，炫耀新奇的说法。他们的内心也暗自忧虑人生有限，朝夕难保，希望死去以后能够有所寄托；同时由于自己既然具有这个弱点，因而推测人家也应该同样具有这个弱点，纵说横论，玩弄诡辩。那种所谓一神论的说法，可以说就是这样形成的。婆罗门教，佛教，犹太教，基督教，回教，以及从古代的柏拉图、普罗提诺，到笛卡尔、马勒白朗士、莱布尼茨这些人，都主张一神论。就这一点来说，基督教徒、僧侣和他们唱着大致相同的调子，以致使人家仿佛觉得他们恐怕不是以推理为基础的哲学家，而可能是以迷信作为依据的僧侣。

我以为，一神论虽说好像是飘飘然超越了人类尘世之上，大大摆脱了俗世的纷扰，而实际上却是从那种贪生怕死，企图在来世还能够独立保存自己一个人的性质，有利于自己的想象出发，也就是说，从局限于自己一身，局限于人类的观点出发，而产生的说法。它的卑俗和浅陋，完全和灵魂不灭论一样。

一神论有两种。我把其中的一种叫做主宰神论，另一种叫做神物同体论[①]。

（七）　神物同体论

古代希腊的一部分学者和近代荷兰的斯宾诺莎、德国的黑格

① 神物同体论，也作神物一体论，即 Pantheism，泛神论。

尔等，都是属于神物同体论的一派。

所谓神物同体，就是说：世界的真理就是神。所有这森罗万象，都是唯一神的体现。即如我们人类，也是神的一部分。所以，统帅世界万物的主宰就是神云云。但是就这种说法看来，虽然也主张所谓唯一神，实际上却几乎和无神论没有不同。为什么呢？因为这里所说的神是无为无我，在实际上不过是指自然的道理而说的。所以宗教家及受到宗教毒害的哲学家，都把神物同体论当做邪说，加以痛斥。那是理所当然的。宗教家的一神论，正是如下所述的主宰神论。

（八） 主宰神论

有人说，神的智慧和道德是圆满的和完备的，无所不知，无所不能。凭借真正独立不倚的势力，高高地站在这个世界万物之上；而这个世界万物，又都是它所创造的。所以神也都没有不存在其中的。神是我们的浅薄知识所不可思议的无限灵验的主宰。

又说，神创造万物，保护万物；特别创造人类，把自由交给他们，使他们无论好事或坏事都能够从自己的内心深处加以推断，而后去实行。神是无始无终，无限无极的，世界上无所不在。神又是贯穿着过去、现在和未来的；无所不知、无所不通。也就是说，对于神说，既没有过去，也没有未来，都是现在。

又说，神预先知道我们人类中的各个人，有的做好事，有的做坏事，连一个或半个人也没有遗漏的。然而神所以这样放任我们的行动，是为了要把意志的自由交给我们人类的缘故。正因为我们具有这种自由,假使做好事,就是我们的功绩,假使做坏事,就是我们的罪责。所以在来世进行大规模的审判的时候,有的人得到奖赏,有的人受到惩罚。

又说,神创造我们人类的时候,把人类的形状创造得像神自己一样。这就是为了要使人类成为万物的灵长云云。如果这话是真的,那就不能不说,神也是一个横眼竖鼻的具体的动物。

假使从宗教家的嘴里说出上述这些话,那么,倒也可以当做超度那些具有中等以下根机①的人们的一种权宜的说法,还可稍加原谅。一个应该抛弃任何权宜的说法,只能承认真理的哲学家竟说出这样没有意义,违背逻辑的梦呓,而且这个人又是哲学方面的闻名的大学者,这就是可惊叹的!假使神果真是万能的,没有什么事情不可做到,没有什么企图不能实现,那么,假使能为人类社会创造一个只有好事没有坏事的世界,那就连现在这个世界的审判也可以是不需要的,何况来世的审判呢?所谓故意把意志的自由交给人类,使某些人能够做坏事,然后在来世进行审判的时候,把他们处死或加以惩罚,这难道不可以说,神的居心是非常阴险的吗?

这些家伙又在提倡神造物说。

(九) 造物说

有人说,这个世界上的森然罗列的各种各样的现象,都是神创

① 根机:佛教指人具有的接受佛教教义的品质和能力。

造的。世界最初实际上是一个无极[①]。神发挥自己的巨大的威势和道德,施展自己的广阔的神通,从无极造成了太极,从自己的手掌里,捏造出这个宇宙,这个世界,包括山河草木、人兽虫鱼以及土石瓦砾等等在内,于是才能够产生这些整整齐齐的万物云云。

从无得到有,这是什么话呀!这难道是具有健全的头脑的人能够理解的话吗?不论到什么地方,无总应该是无。假使无能够成为有,那么,这个无恐怕就不是真正的无,大概包藏着什么种子吧。即使把空气唧筒的玻璃钟罩[②]中的真空状态保持一年的时间,也未必能够产生什么物质。这就是无不能够成为有的证据。不论神是怎样万能的,也不能做出违背道理的事情。把造物说当做米开朗琪罗和拉斐尔[③]这些人的画题,以便他们随意发挥非常杰出的本领,也许是极为适当的;可是态度冷淡,心境平静,任何一条违背逻辑的禁例都不容触犯的哲学家,也提出神造物说的主张,这就可惊讶到了极点!

而且假使神造物说是真理,那么,对于最近的科学技术,实在就会播下引起重大混乱的种子。为什么呢?因为那种由法国的拉马克倡导,英国的达尔文集而大成,对于近代科学发挥过重大作用的进化论,和造物说是根本势不两立的。

神创造万物,既然是大从天体起,小到蠛蠓止,都造好了一定

---

① 无极:出于《淮南子·泰族》“达乎无上,至乎无下,运乎无极,翔乎无形”。《太极图说》“无极而太极。”

② 原作“排气钟”,指实验用的空气唧筒的玻璃钟罩,可以把罩内的空气抽出,接近真空状态。

③ 米开朗琪罗(B. Michelangelo,1475—1564)意大利名画家,建筑家和诗人。拉斐尔(Santi Raffaello,1483—1520)意大利名画家和建筑家。

不能改变的模型，那么，甲物不论到什么时候，也保持甲物的形态，世代相传；乙丙丁各物，也都是这样。这就和诸如我们的祖先曾经有尾巴的学说不能相容；和诸如猕猴类的某一分支进化而成为人类的学说也不能并存。一个在古代学术落后的社会，由今天来看，几乎像精神病者一样的人物所想象出来的，一点也不符合逻辑的造物说，和一个是由异常渊博、杰出的学者，从理论上加以衡量，从科学上加以研究，进行观察，实地试验，经过苦心惨淡的思考而后得到的进化论相比较，究竟是应该相信哪一种，应该否定哪一种呢？凡属内心一点也没有私念的人，想来是不至于在这两者之间踌躇不定的。

造物说还有一些极为巧妙的说法。

他们说，假使我们走路的时候拾到了物品。如果那是竹片或木屑，那就不用说了。如果那是经过人工巧妙制成的物品，如各种器具，或者进而是具有极端精密机件的钟表一类的物品的时候，不用说就会明白，大概是有人制造了这个物品。因为这样的物品，没有偶然自己生出来，掉在路上的道理。然而这个世界上的万物怎么样呢，它们的巧妙，都不是人造的器具如钟表所能比拟的。那些鸟类在天空飞翔，所以有羽毛和翅膀；那些鱼类在深潭潜伏，所以有鳍和尾巴；鹤和鹭鸶走到泥沼里去吃泥鳅和鳗鱼，所以嘴巴很长；鹅和鸭子经常在水中游泳，所以足上长着划水掌。假使说到其他的飞禽走兽，大的有鹫鸟和鲸鱼这一类，小的有蠛蠓这一类，连蚊子的纤细的足，也是由神经筋肉和细胞构成的；而细胞里面又具有核。进而说到人体，它的精致，又不是其他的兽鱼所能够比拟的。至于肺在呼吸时的，肠胃在消化时的，脾脏在血球中的，肝脏

在胆液中的，脑神经在运动、知觉时的，以及其他在极端精密的显微镜下，也不能看见的神经血管的末梢细胞组织等等，如果愈益加以研究，就愈益了解他们的精致。假使说到天体，那么，太阳、月亮、星辰这些庞然大物，在天空环绕和旋转，各遵循各自的轨道，丝毫也没有差错。有的是一个月旋转一圈，有的是一年旋转一圈，有的是十年或十多年旋转一圈，从来没有违反这个规律的。要说这个极端精密、极端广大、极端微妙、极端深奥的世界万物，人兽虫鱼等等，都是没有造物主，自然而然地涌现出来的，这是不能接受的论调；要说没有保护者而能够保存着，这也是不能同意的说法。连一支钟表，没有制造者尚且不能够独自产生；要说这个世界的各种各样的现象没有造物主而生成了，这是什么一种逻辑学呢云云。

我想加以反驳。用巧妙的人工制成的器具如钟表等，不论怎样精密，拿它和天然物如蛞蝓或水母这样最粗糙的天然物相比，也还是差得很远；何况像人兽的身体结构及组织，像广大无边的星球和天体的环绕及旋转，即使具有多么广阔的神通，要说用一种力量创造了这个世界，那才是逻辑学所不能够接受的。认为是按照自然的道理，发生絪缊、摩荡、化醇、浸润的作用而产生的这种说法，难道不是在某种程度上更接近真理吗？

再者，假使真的有一个创造了这个世界的各种各样现象的神存在，那么，它居住在世界的什么地方呢？如果还要说神是无所不在的，那么，它就应该是一个在什么时候和什么地方，能够让我们看见它存在的朕兆的物体。既然说神的形态和我们人类一样，那么，它的面孔有多大呢？四肢有多长呢？胸部和腹部有多大容积呢？宗教家说，神曾经在某个地方出现；然而这不过是他们同伙中的说法，根本是不足凭信的。

（十）　遇神

据说，摩西和亚伦[①]这些人，曾经在某个山顶遇见了神；或曾经得到了这样那样的启示。在当时的风气还没有开化的社会，并且是作为宗教上普度众生的权宜之计而说出这样的话，倒也不一定应该加以责备。但是在科学技术已经有了进步的现在，即使宗教家也不容荒谬到这种程度；何况是哲学家主张这种说法，那就更不必说了；即使驳斥这种说法，也还是不胜羞愧的。

而且所谓连日用器具钟表之类不经过巧妙的人工，尚且不能够自然而然地产生；何况世界万物，当然不能够自然而然地产生，而必定是从造化主宰的手里制造而成的，这正像我从前所说过的那样，是局限于人类社会的说法，而不是放眼整个世界，把思想扩大到人类社会之外的言论。钟表诚然一定是经过人工巧妙地制成的；而它的材料，即金属和宝石等，却是本来存在的。也就是说，钟表匠不过是把这些材料集中起来，做成一个叫做钟表的形体，而不是字面上所说的真正的创造。

神创造万物的工作，却是和这不同的。它不是把原来已经具有的材料集中起来，制成世界上的万物，而完全是从无得到有，也就是说，在真空中创造了这个森然罗列的世界万物。要是那个样

① 摩西（Moses，前1350—前1250年前后）《圣经》中人物。古犹太民族领袖。亚伦（Aaron）《圣经・旧约》中的传说人物。

子的话，那就又是说，万物不创造就不能自然而然地产生；而是把从无得到有，和仅仅在存在中变换位置这两者混为一谈。我要再说一遍，不能认为这个广大无边的世界，这些森然罗列的万物，都是由一种力量一个个创造出来的，而应认为从前具有其他形态，自然而然地发生化醇，变成了万物，也就是说，自然而然地产生了万物的说法，才更符合哲学思想。凡属具有健全的判断力的人，想必是绝不会在这两种说法之间踌躇不定的。

第二章　再论

要是根据以上的论点，更进一步地充分展开讨论，那么，精神并不是不灭的。精神的本体或根源，即身躯，正是若干种元素化合而成的，即使发生分解，也不消灭。

例如拿破仑和丰臣秀吉一经死亡的时候，构成他们身躯的元素，气体的，也许会被天空飞翔的鸟类所吸收；固体的，也许会被地下的水所溶解，被胡萝卜所摄取，而吃进了人们的肚子里。但是这些元素尽管这样辗转移动，变换位置，却丝毫也不会消灭。所以人们即使死亡的时候，生前所具有的五尺的身躯就要发生分解，变成四分五散，零零落落的，而各种元素都不消灭。所以人们一经死亡以后，既没有可以向往的天堂，也没有可畏惧的地狱，并且没有道理再一次变成人身，又再次在这个世界上诞生。我们留在这个世界上的第二代，就是子女。

无论多神也好，一神也好，都是根本不存在的。这个世界上的万物，都是无始无终的。虽说不能够知道形成现在这样一个世界以前，曾经表现为什么形态；但是无论如何，一定是由于曾经表现为某种状态的事物，发生絪缊、浸化而形成了现在的状态。即使受到所谓神这一类不可思议的事物的干扰，也还是由于元素的分解和化合的作用，而从甲变为乙，再变为丙、丁，变化无穷，借以形成这个世界的悠久历史的。

（一） 世界

前一章驳斥了宗教徒及唯灵派哲学家的说法，针锋相对地讨论了灵魂死灭，肉体不灭，以及不可能存在神的道理。这一章又必须进一步，驳斥社会上的所谓实证主义哲学的观点。

这一派的哲学，是起源于法国的圣西门，经奥古斯特·孔德[①]加以提倡的。它批驳了过去的唯灵派的学说，而不借助于一切怪异和虚幻的想象，凡属它所提倡的学说，都一件一件经过实验来加以证明；这是这一派的一个特点。又以各门科学，尤其是物理、化学、数学、天文、生理、社会这六门作为重要学科，综合了这些科学的成果，组织他们的所谓实证主义哲学的体系；这是这一派的另一个特点。所以凡属这一派的人，都是见闻广博，知识丰富的学者，而和那些专门以诗歌式的想象力作为根据的唯灵派人士，大不相同。例如利特雷[②]就是对这一派的哲学研究得最深最透的人，被称为渊博无比，并且在传播这一派哲学的各种学说方面，被称为最有力的一个。

这样说来，看来这一派是极为确实可靠的，但是他们过分拘泥现实，如果不能够在实验方面得到证明，即使昭然若揭的道理，也都一概抹杀，自己使自己的见闻狭隘，自己使自己陷入顽固和浅陋

---

① 奥古斯特·孔德(Comte, Aaguste I. Marie F. Xavier, 1798—1857)，法国哲学家、实证主义创始人。

② 利特雷(M. Paul Littre, 1801—1888)，法国语言学家和哲学家。

的状态，其流弊是大大歪曲了我们的精神能力，降低它的声价。这正是这一派所不容忽视的缺点。

这些人动辄说，我们无权过问世界是不是无限，世界是由于什么样的原因而产生，又可能由于什么样的原因而终结的问题。这个太阳系，规规矩矩地待在几千个太阳环绕旋转的太空的一个角落，我们人类又是这个太阳系所属的一个小小地球的居民，遇着这样的问题，能够给予什么样的答复呢？假使漫不经心地给予答复，那么，如果不是僭越，就是错误。这是和我们实证主义哲学的根本宗旨背道而驰的云云。他们的意思，大概以为这些问题，都是不能够用物理、化学、数学、天文、生理、社会这六门学科加以检验和证明的，所以终究不能够给予确实的答复。

假使说现在这个社会上的事情，只有眼睛看见，耳朵听见，经过科学检验和证明以后，才是确实的，其余都是不确实的，那就必然会抹杀一大半公理，那就必然会把自己关闭在极端偏颇狭隘，极端顽固浅陋的境地。而且日常所遇见的，也有若干事情，不论一定可能存在的，或者一定不可能存在的，都可以直接相信人们的说法，不一定要加以检验和证明，因此，我们自己也容许，他人也容许，而且是真正确实而不可动摇的。并且也有若干事情，即使没有经过科学的检验和证明，而在道理上一定可能存在，或者一定不可能存在的。例如所谓世界是无限的这件事情，即使没有经过科学的检验和证明，也是一定可能存在的。如果说世界是有极限的，那就不能够不说是非常奇怪，非常诡秘的。所谓世界，是唯一的事物，一般说来是无所不容的。可以容纳有，也可以容纳无。可以容纳空气，也可以容纳以太。可以容纳太阳系天体，也可以容纳几千个太阳系的天体。假使这些太阳系以外，还有真空界存在，那应该也是可以容纳这个真空界的。像这样一个事物，照理不会有极限存在。假使经过科学的检验和证明，以为有极限存在，那也是不可信的。不能够不说，实证主义对于想象是多么懦怯啊！

再就实证主义所说的，在科学中被称为最准确的数学来说，如果认为事物的数目是有限的，也就是说，有所谓十亿、百亿、十兆、百兆这样的极限，那么，实证主义将相信这种说法吗？如果就世界被森然罗列的元素所充塞这一点来说，能够认为构成这些元素的原子数不是无限的吗？恐怕只有认为是无限的，才是当然的吧。

再者，要是说这个无限无极的世界，是由于有某种原因而从无中生有，即被创造而成的，那么，即使经过科学的千百次的检验和证明，也是不能相信的。像我们多次所论述的那样，所谓从无得到有，在道理上是不可能存在的。所以虽说不能知道世界在形成现在的状态以前表现为什么状态；但是无论如何，无疑是表现为某种状态。世界终究不是能够创造的，而必然是本来无始的。

再者，如果说，这个世界有某种原因可能终结，即可以从有进入无的，这在道理上又是不可能存在的。因为物质无论如何也没有可能消灭的道理。尽管有的时候变换位置，改变形态，可是并没有纯粹消灭，变成无的道理。这既不是局限在我们人类社会的道理，也不是局限在十八里的大气层的道理，而直接是普遍适用于整个世界的道理。不能够不说，实证主义的推理是多么懦怯啊！关于世界应该是无限无边，无始无终的问题，将在下文加以论述。

世界尽管是这样的广大无边，万物是这样的绵延繁殖，其形态是这样的千变万化，但都是由若干种元素结合而成的。所谓元素的数目，虽说有六十多种；在科学技术更加进步以后，也许要增加为七十、八十，乃至一百多种，或者也许减少为五十乃至三十种。总而言之，若干种元素按照某种比例，互相化合的时候，就形成甲的形态；互相分解，再按照另外的比例，互相化合的时候，就形成乙的形态。万物都是这样变化，进化下去。所以现在的太阳和地球，到了亿万年以后，也许有突然分解的一天；可是它们虽说分解了，但丝毫也不会消灭，必定又将在什么地方，形成某种类的物体。所以说，凡属物质都是不灭的。

元素这样互相结合，于是在这里形成人兽草木，于是形成太阳系天体。也就是说，所谓圆周几千里几万里的庞大星球也好，一小块马粪也好，同样是由若干种元素互相结合而形成的。假使太阳系天体以外，再有一个把这个太阳系天体作为一部分，还包括其他几部分的某一系的天体，那么，这个天体中的一切，也仍然一定是元素的化合物。总而言之，这个无始无终，无边无极的世界，终究不外是一定数目的元素的化合；而在地球上面十八里的大气层以内蠢动的人类，也没有理由不受这个根本原理的支配。所谓唯独他们随意具有不朽不灭的灵魂，具有虚幻、真空的精神，精神和灵魂在身躯中，则支配着身躯，身躯死亡以后，则能独立存在，保持记忆力，这种违背逻辑，违反哲理的说法，是绝不能容许的。

（二）　无始

世界万物既然是无始的，那就谈不到有所谓创造。这是因为物体在表现为甲的形态以前，必定是以某种形态存在的，没有必要另外重新创造;既然是自然而然地发生摩荡和化醇,转变为另一种形态,那又何苦去创造另一种形态呢?难道是说,因为我们死亡以后,身躯分解了,精神单独存在,希望保持生前的记忆吗?这虽说也许是方便的,然而认真地讲,这是说不通的,没有道理的。并且务必时时刻刻地记住!这些所谓希望,所谓方便的说法,都是纠缠于我们人类的五尺身躯的说法。

所谓无始是什么呢?凡属物体,不问大小,照理都一定是无始的。为什么呢?因为所谓开始,是这个人类社会的说法。或是在其他地方的物体,现在来到了眼前,或者另一种形态的物体,变成了眼前的形态,也就是说,像蚕蛾生卵、卵生出蚕一样,从一种形态变成为另一种形态。而我们的知识浅薄,没有注意到这种发展过程,觉得好像是出现了没有存在过的物体,因此才发现了所谓开始这个名词的意义。在实际上,无论什么事物,都没有从无得到有的道理。要是加以研究,那就必定是像卵从蚕蛾而生,蚕从卵而生一样。所以所谓开始这个词,并没有真正的意义;即并没有哲理上的意义。

假使反过来就人类世界中的事物说,所谓"开始如何如何",所谓"开始那样那样",所谓"开始来",所谓"开始去"这些话,虽说也有明确的意义;可是就物质,即元素化合而成的物体来说,如果认为不仅在形态及现象方面,并且在本质方面,也是有开始的,那就是巨大的错误。因为要是那样说,就等于说出真空中出现了什么物质,空气唧筒的玻璃钟罩中飞出了马驹那样荒唐无稽的话。

（三） 无终

因而世界万物是无始的，当然是昭然若揭的。要是认为有始，那就太意外了，便成为没有意义的、违背逻辑的了。这个世界万物，又一定是无终的。有，没有道理变成无。

凡属所谓“无”这个词，都是人类世界中的话，都是眼前看不见时所说的话。“无钱”、“无米”作为通常的话，那是有意义的；而在哲学上却没有意义。钱不会变成无，而是从自己的手中转移到了他人的手中；米不会变成无，而是吃进了自己的肚子里，变成了养分和大小便。

照这样情况，广大的世界且不说，连一粒尘埃也是不会从有变成无的；也就是说，照理是不可能有终的。假使说，有一个物体是从无得到有的，即有始的，而这个有，又转变为无，即有终的，那就是非常意外的事情，会造成违背逻辑、违反哲理、泡沫幻影、前后矛盾、自相矛盾、异常混杂、非常混乱的状态。

（四） 无边无限

话说回来，世界又像前面驳斥实证主义的时候所论述的那样，是无边无限的。

这是非这样不可的。这个世界是无所不包的。如果说，距离世界千里、万里、亿里、百亿里的地方，有边缘和极限存在，在这以外都是真空，那么，因为真空也是世界的领域的缘故，照理是终究没有边缘和极限的。地球呀，太阳呀，太阳系天体呀，大约确实是有极限的；而世界不可能有极限。而且科学技术上截至现在为止的所谓真空这个事物，也许实际上是一团极端细微的气体，而不是真正的无。想用到现在为止的科学技术解决所有一切事情，这不能不说是僭越的和错误的。

根据上面所讨论的来看，世界是无始无终的，即悠久的庞大存在。又是无边无限的，即广博的庞大存在。而它的本质，是若干种元素。这些元素永久游离、化合、分解，再游离、化合、分解，这样循环，一丝不增，一毫不减，即不生不灭。草木人兽都是由于这些元素的化合而产生，分解而死亡的。

（五） 精神的能力

世界万物，是无始无终的，没有必要创造，所以也没有虚构神的必要。也就是说，神是绝对不存在的。然而精神是怎样的呢？

我说，作为不灭的精神是不存在的；然而精神作为身躯的活动，即作用，在身躯没有分解的期间，是卓然存在，经常发光的。这是理所当然的。如果问，究竟用什么来表示我们的身体活着的消息，那就是由它的活动，即精神的发挥。眼睛的视觉，耳朵的听觉，鼻子的嗅觉，口的味觉，手足的捕捉、行走和皮肤的接触，以及感觉、思考、决断、想象、记忆等等，都是精神的发挥；如同煤炭所发生的火焰一样，像柴薪所产生的火苗一样。

煤炭原来不过是小块的聚合，可是由此发生的火焰，也许要把天空烤焦；柴薪原来不过是山上树木的片段，可是由此产生的火，也许会把一个城市烧毁。精神在身体中发挥的作用,也是这样的。看看那个推理的能力吧!不是从这个道理推到那个道理,一层一层地积累而上,也就是说,透过十八里的大气层,远远驰骋于太阳系的天体以外吗?看看那种想象的能力吧!它的活动,更是自由自在的。或者在天上建立城市,或者在海底幻出楼阁,或者替老虎添加翅膀,或者让狐狸骑在马上,或者耸起高高的刀山,或者挖成深深的血海,无论做什么,都没有不成功的,无论想什么,都没有得不到的;而这都不外是从区区五尺的身躯发生的作用。

看看记忆的能力吧!从三四岁的幼时所见所闻的事物起,到六七十岁的高龄止,他经历的所有事物的观念,不都是一件一件地储备无遗,能够在需要的时候回忆起来吗?再者,暂时在自己记忆中消失了的事物,经过思考以后,又能够重复浮现出来等等,不是相当奇怪的吗?不仅如此,我们的知识所以日益进步,就是因为具有记忆的能力,每次经历得到的,都装进思想仓库而不遗失,用以作为温故知新的材料。也就是说,人们所以有聪明和愚笨的区别,大多是由于记性有强弱的关系。

其他如感情、感觉、决断都是属于精神的发挥这一类。这样光辉灿烂、金碧辉煌的光芒,是从那种由若干元素化合而成的五尺身躯发出的。不懂的人把这种光芒当做本体,当做主人,而把五尺的身躯当做仆从,于是出现了那种唯灵论的梦呓。夜光珠的光芒因为太美丽了,所以有人把光芒看得比夜光珠还贵重些,以为光芒是离开夜光珠而另外存在的。这也可以说,不是没有一点道理的。

如上所述,精神,即身躯的作用,是从身躯发生的,同时不局限于作为本体的身躯中，具有透过十八里的大气层，透过太阳系的天体，直接领略整个世界的能力。也即我们正是由于精神上具有这种超脱的和飞跃的能力，才能够驳斥宗教家的卑俗和浅陋的见解，试图掌握世界的根本道理。于是乎又出现古今哲学者所煞费苦心，大伤脑筋的一些问题，我们将在下文顺序加以讨论。

（六） 空间

这就是前面曾经简单提到的空间和时间这两个观念。所谓空间，正如字面上所表示的那样，就是从实物在眼前所占据的位置，也就是如果有一支笔，就有容纳着这一支笔的位置等，到广漠无边的太空，包括所有容纳着，或可以容纳一切大小实物的空隙在内的总称。

“道在迩而求诸远”①。自古以来见识高明的哲学家，就这个空间问题，众说纷纭地争论不休。然而依我看来，实在是容易解决的问题。假使说，空间这个观念是世界的容器，那是最容易理解的。如果有万物存在，就肯定充塞在一定位置。既然把这些位置的总和叫做空间，那就正是空间和世界成为一体。也就是说，空间也是无边无限的存在，像帕斯卡所说的那样，它是一个到处都是圆心而没有边缘的圆球。

有人说，所谓空间并不是真正有那个物体存在，而是我们的精神特地想象好像有这个物体存在，以体会一切事物的意思。这是

① 《孟子·离娄上》。

什么话呀！世界万物本身，肯定是真正存在的，恐怕不能说是空花幻影。世界上既然有万物存在，那就肯定充塞在某个位置。也就是说，假使把那个位置叫做空间，那就不言而喻另外有脱离我们的精神而独立存在的所谓空间。然而这样讨论空间的时候，其流弊是不免会陷入不可救药的怀疑论派。

再者，空间可以比作纸张，万物可以比作图画。在空间这个纸张上，一点不留空隙地画着的图画，就是森然罗列的万物。即使假定这个世界上没有人类存在，可是既然有其他物体存在，也就不能没有空间。而且即使世界是渺渺茫茫，空无一物，也仍然不能没有空间。既然不论有没有物体存在，都把可能容纳物体的位置的总和叫做空间，那就不论如何想象，也终究不能没有物体存在。

（七）　时间

又有所谓时间的问题。这也和空间一样，是自古代以来一个争论不休的问题。仍然有这样的哲学家，说那是只存在于我们的精神中，而不是真正有那个物体存在。这又有可能陷入那个怀疑论派。

如果有物体，就有这个物体所经过的时间。即使这个物体不朽不灭，无穷无尽，也还是有这样一笔账：既有保持甲物形态的时间，又有保持乙物形态的时间，既有变成甘薯的时间，又有变成鳗鱼的时间。也就是说，所谓时间，是像装载万物，从这个时限运行到那个时限的车辆一样的事物。

由这一点来说，空间是意味着世界的大小；时间是意味着世界的久暂。

有的哲学家认为，空间也好时间也好并不是真正有那个事物；不过是我们的精神假定有这回事情，把它当做理解事物的根本条件的意思。另外又有哲学家说，空间的观念和时间的观念，都是我们没有诞生以前流传下来的，都是所谓生而知之的观念，而不是受了他人的教育才得到的观念。并且只有这种观念，才是唯一神对我们的精神所显示的朕兆。也就是说，把空间和时间当做神的一种属性，这难道不可以说是极端的奇谈怪论吗？

凡属可以叫做生而知之的观念，照理是根本不存在的。人诞生以后，天天看见、听见、嗅到、品味或接触各种各样的事物，自然而然地产生各种物体的观念，深深地印入记忆中。在诞生的时候，也就是在还没有接触外物的时候，照理是不可能产生任何观念的。而且所谓空间、时间只有少数哲学家才能够理解，不，听了哲学家的讲解才能够理解的。儿童和农民等最初并没有这种观念。然而所谓生而知之的观念，是根据什么说的呢？这都是极为荒唐无稽的。而就造成这样谬误来说，又有关于主观和客观的争论不休的讨论。

（八） 主观

所谓主观，就是说，我们对于事物即使具有视觉、听觉或思考、判断能力，然而那个事物并不是真正存在于外界，而只是作为这个观念的主宰，即我们的精神的结构，自己承认有那种事物的缘故，所以在思想上以为好像存在着那种事物。也就是，在某些理论家看来，空间和时间这二者，正是主观的，即不是实际上存在的。

（九）　客观

所谓客观，就是说，外界现在存在那个物体，它的形象反映到了我们的精神中。我们在空间和时间这二者中正是客观的，即这两者是实际存在的。

但是在那些标新立异的大哲学家先生们看来，主观和客观的区别不会是这样简单的，而是众说纷纭，争论不休的。于是，这正是所谓道在迩而求诸远；所以我们没有必要做这种附庸风雅的事情。

按我们的观点说，大多数的，不，几乎全部的观念，都是客观的，同时又是主观的。那种纯粹主观的，是指像狂人的眼睛里所幻觉的各种各样的浮动物，以及宗教家所说的独立不灭的灵魂等等那样实际上并不存在的物体，而仅仅在某种人的精神中出现的。那种可以说是纯粹客观的，是指外界实际存在那个物体，而我们的精神还没有能省察的。想来只有这样的事物，果真是实际存在的吧。例如可以把光、热和电的分子列入这一类中。其他都是客观和主观像两面镜子一样互相反映，才可能在科学上站住脚。

竭力主张主观论，结果认为世界上的大多数的，不，几乎全部的事物都是客观上不存在，而仅仅在主观上存在，这就是所谓怀疑论派。其中，走到最极端的是皮浪[①]主义派。所有哲学家，大多是

① 皮浪（Pyrrhōn，前360—前270）古代怀疑学派的创始人。

天资卓越，爱好奇巧的，所以往往不屑于走前人的老路，而绞尽脑汁，试图标新立异。结果连眼前最简单的事物，也看做是非常奇怪的，说出所谓谬巧错杂的话，自己也在不知不觉的情况下，陷入了邪路而不能自拔。我们要努力排除这种流弊，所以即使对于古人众说纷纭的问题，也只力求发挥当前明白的道理，而绝不标新立异。再者，有时我们也提出自己的一种解释，而不走前人的老路。

（十）　再论主观和客观

再说一遍，社会上的纯粹主观的东西，实际上是很少的；纯粹客观的东西，实际上也是很少的。万物都是客观和主观互相反映，像两面洁净无尘的镜子一样。

释迦牟尼和老子，最初试图专门把天下人心中的谬念妄想一扫而光，彻底传播他们自己的学说；好像也主张诸行无常[1]呀，唯此一事实，余二即非真[2]呀，使世界万物都归给于一个无，仅仅把心当做存在。但是这在实际上，仍然是权宜的说法。而他们晚年的思想，就把万物和自我一起都看做世界经世济民的大事业

---

① “诸行无常”是小乘佛教的三大法师之一（其余二者是：诸法无我，寂灭为乐）。佛教为了表示自己不同于其他宗教而制定的口号，叫做法师。所谓诸行无常，就是盛者必衰，实者必虚，生者必灭，合者必离的意思。《平家物语》中写道：“祇园精舍之钟声，有诸行无常之响；沙罗双树之花色，显盛者必衰之理。”

② 所谓唯此一事实，指的是大乘佛教。出自《法华经》方便品第二：“诸佛出于世，唯此一事实，余二即非真。终不以小乘，济度于众生。佛自住大乘，如其所得法。定慧力庄严，以此度众生。自证无上道，一乘平等法。若以小乘化，乃至于一人；我则堕悭贪，此事为不可。”

中的工具。所以从这一点出发，可以说释迦牟尼也是在多次主张主观论以后，才采取客观论，使这两者互相调和，才开创了真乘门的。

耶稣对于这一方面的问题，好像什么也没有说。那也是理所当然的。耶稣是一个善良的忠厚长者，一个热诚和多情的狂热信徒，而不是像瞿昙[①]那样知识丰富的哲学家。勒南[②]所著《耶稣传》，大概是符合真相的。他说，耶稣可以说是一个极端天真的，极端富于感情的人物，说起来可以看作是所谓男性的贞德[③]。不可能期望这样一个人物，大谈什么主观或客观的繁琐议论。

（十一）　观念[④]

下面讨论各种观念。凡属我们的五官所能够接触的一切物体，例如所谓草木禽兽，反映到记忆中，形成观念，本来都非经过五官不可。这是毫无疑义的。关于正和不正呀，义和不义呀，仁呀，善呀等各种抽象的观念，上述宗教家及那些把宗教和哲学混为一谈的哲学家都排斥五官，于是，都煞有介事地议论说，这和那种以五官的接触为转移的，带着人类社会气味的观念不同，而是人们先

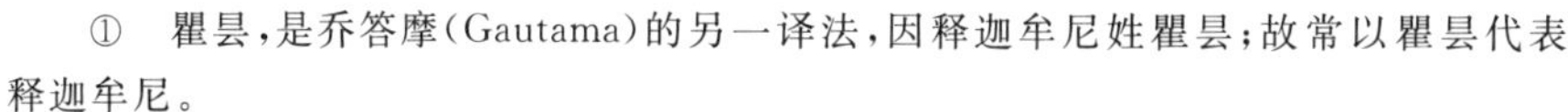

① 瞿昙，是乔答摩(Gautama)的另一译法，因释迦牟尼姓瞿昙；故常以瞿昙代表释迦牟尼。

② 勒南(J. E. Renan，1823—1892)，法国思想家和宗教史家。

③ 贞德(Jeanne d'Arc，1412—1431)，法国著名爱国者和女英雄。

④ 原作“意象”，是中江兆民的哲学术语，大约是从法文 idée 翻译过来的。意象不仅是观念的意思，还具有物的形式、姿势，也就是形象的意思。中译文仍照一般习惯译作“观念”。

天赋有的观念，而是神印在我们的精神中的观念。最后并且说，能够叫做神的观念，在所有一切的观念里面，是最高尚的一种。终究不是像那些只能够感觉物体的片面性的，由污浊的血肉所构成的五官那样的东西所能够参与的，而是我们人类生来就赋有的观念云云。

这样说的意思，是以为自己突出地高高站在人类尘世之上，摆脱了一切乡土的庸俗气味；可是哪里知道，这正是把人类的情感和欲望，强加给他们所极端崇拜的神，暴露了这种说法的前后矛盾和自相矛盾。首先要知道，所谓血肉是污浊的，所谓抽象的事物是高尚的，所谓尘世的，所谓乡土的，这正是我们人类中的说法；不，即使在我们人类中，也只是那些不学无术的人们的说法。试从物理和化学的观点来看吧！血也好，脓也好，屎也好，尿也好，和七色灿烂的宝石和锦绣相比，哪里有美丽和丑恶的区别？小野小町[①]和狒狒猿猴相比，哪里有美貌和丑陋的差异？可怜啊！你们这些先生的精神，是从那已经腐烂了一半的身躯所喷出的磷火，正在不断播散臭气呀。这不是清净的神火，而是极端肮脏的欲火。因为你们都是不配来讨论观念问题的，所以，请在下文中仔细倾听晓示！

（十二）　抽象的观念

我们从幼时起所看见的物体，例如马、牛、狗、猪等都构成一幅

① 小野小町（生卒年不详）传说是一位美貌的女子，事迹不详。另一个同名的女子，是平安前期著名的女歌人。也有人认为两者即是一人。

图画，印在记忆中。即使生来没有学过绘画的人，一经闭起眼睛，想起马或狗的样子时，意念中便俨然出现某一天所看见过的马或狗的印象，这和极端巧妙的画匠所画的图画没有不同。再者，读书识字的人，也许不是出现图画，而是出现文字，或者抽象地浮现马或狗的情况。这就是所谓观念。所有这些，当然都是五官所接触的实物，所以用不着讨论。说到正和不正，义和不义，美和不美等所谓抽象的观念，实际上，也仍然是经过五官而产生的。所谓和五官没有关系的这一类说法，是极端肤浅的遁词。

凡属所谓观念，所谓印象，大概都是从三五岁的幼时起，逐渐印在记忆中的事物。一个孩子发脾气，殴打另一个孩子，或者违背父母的命令，去做某种不正当的事情，都可以画成图画或塑成模型。正和不正的观念，都是从具体的行动产生出来的。看戏的时候，看见大星由良之助交出城市，产生关于义的具体观念，小野小町成为美的观念的典型，阿累[①]成为丑的观念的典型等等，无论如何，都是在应事接物的当时，具体地，也就是说，形象地，图画式地刻记在记忆中的；嗣后却离开实物，而直接和记忆中的印象发生关系。即使成为纯粹抽象的观念，它的起源，也像这里所说的一样，毫无疑问一定是经过五官而来的。

① 阿累是十七世纪日本下总国羽生村一个农民的女儿，性格善良而容貌丑陋。传说武士绢川与右卫门骗她结婚以后，借口其嫉妒而杀害了她，后其冤魂进行复仇。参看净琉璃《薰树累物语》。

（十三） 神的观念

特别是神的观念，幼时听了父母的话，说神是极为慈善的，温和的，相貌可爱的，脸色洁白的，下巴方圆带有福相的，胡须像白雪一样，经常笑嘻嘻的。我们想象仿佛是像告老还乡后，出外旅行期间的水户西山公[①]一样的老人。一幅神的具体的图画便深深地渗入到幼稚的记忆中而不可磨灭。在欧美的儿童的思想中，当然不是水户西山公，不用说那是另外有各不相同的适当的典型而产生的。像上面所说的一样，即使不了解的人认为好像是完全和物体没有关系的抽象的观念，如果追溯它的起源加以考察，也必定是从具体的事物产生的，从物质反映而成的。

再就语助词，如立即，就是，迅速，徐徐，较多，较少，至少，务必等等来说，好像和实物没有任何关系；然而这又是很不对的看法。幼时如果向母亲要求什么东西的时候，就听见母亲说立即怎样怎样，或者迅速这样的话，把当时得到了的橘子或苹果，和这些语助词联系起来，也就是说，借橘子和苹果的形象，使立即和迅速等观念进入了记忆中。徐徐，较多，较少这一类的语助词，也都是属于这一类例子。否则，假使像宗教家所说的那样，各种抽象的观念都是先天赋有的，无须凭借五官的经验，在意念中浑然形成一个完满无缺的整体，那么，儿童应该都成为信徒，都成为正人君子。可是

---

① 水户西山公：即德川光国（1628—1700）江户前期“御三家”的大名。儒学家，一生主持编纂《大日本史》，影响很大。晚年居于常陆国久慈郡太田村西山，被称为水户西山公。

为什么情况不是那样，而是天天现出骄傲和无邪的样子，使父母生气。还有说到语助词等等的时候，时常发生很大的错误，不是现出憨态，引起团团围坐的长辈哄然大笑吗？

原来我们究竟是怎样把精神作为自己身躯的作用发出到体外的呢？难道不就是经过叫做五官的窗户发出的吗？如果没有眼睛，靠什么得到关于色彩的印象？如果没有耳朵，靠什么得到关于音韵的印象？香和臭的印象，有味和没有味的印象，以及皮肤所感觉的坚硬和脆弱，寒和热等等印象，都是从这些窗户引进来的。如果我们是一块浑浑噩噩的肉块，恐怕无从得到任何的印象；也就是说，恐怕我们的记忆中，经常是懵懵懂懂，什么印象也没有的吧！是像海面上所浮着的水母一样的吧！也就是没有道理说可能有什么先天的观念。

柏拉图认为物质是不完全的，观念是完全的。他说，所谓观念这个东西，是我们在前世的时候，即没有因为犯罪而被贬谪到人类社会以前，也即经常围侍在神的膝下，仅仅看见和听见完美、纯粹的事物的时候所遗留的，至今仍然保存着的遗产。也就是说，所谓观念这个事物，不是反映这个世界的实物，而是描写前世的完美、纯粹的事物而产生的云云。而社会上的哲学家，都并不把柏拉图当做狂人，反而把他当做至高无上的大哲学家，加以崇拜。这不是可笑之极了吗？

由以上所论述的，可以知道观念的来历。关于实物的观念自不必说，即使抽象的，特别是看来那种被认为好像和实物没有什么关系的观念，它的起源，也一定是经过五官的窗户启发和触动了我们的精神而来的外界事物。首先构成这种模型，发生联系、变化、细缊和化醇的作用，造成印象，在记忆中经历过若干岁月，又变化而成为纯粹抽象的，于是形成观念。所以必须说，对于观念的形成，记忆具有最强有力的作用。

（十四） 记忆

记性或记忆，是精神的一个方面，是把所有一切从五官的窗户反映进来的外界事物的图画，即印象贮存起来，加以消化，咀嚼，整理和排列，并区别新旧，分别附上年月日时，准备将来加以应用的能力。记性的强弱，在某种程度上，成为鉴别我们人类的聪明和愚笨的重要因素。那些白痴和狂人，大多呈现记性不健全的症候。赫胥黎[①]和利特雷这些人的记忆中所贮藏的观念的数目，大概有几千万亿；而像乡下的老翁和老婆婆所具有的印象，只不过是米、麦之类事物。这两者的优劣，究竟有多大的差距呀！记忆中的观念的多少，恰像用商店库房存货的多少来区别贫富一样。

记性又和梦有密切的关系。做梦这回事情，就是引出记忆中所贮藏的观念，自己以为就像正在接触实物这个观念的起源一样。也就是引出已经去世的父母或朋友的影像，而在做梦的时候，却以为自己恰像是直接遇见生前的父母或朋友，而绝不以为遇见了死人。

再者，脑神经健壮时，大多是梦见久已过去的事情，也即幼时

---

① 赫胥黎（T. H. Huxley，1825—1895），英国的生物学家。著有《人类在自然界的位置》、《进化论与伦理学》等。

的事情;而当天所遭遇的事情,不过是特别引起做梦的一个因素。譬如所梦见的地点,大多是孩子时钓鱼的地方,或者幼时曾经居住的房子。反之,脑神经疲劳时,就在梦中直接把不久发生的事情当做最近发生的事情。这是神经过敏,看来连日常所遭遇的事物,也深深刺激了神经,达到了这种地步。

（十五）　观念的联接

又有一种观念的联接的情况。即甲的观念牵连乙的观念,而波及于丙,波及于丁。

梦中所看见的事物,大多是从这种观念的联接而来的。例如遽然想来,好像完全没有关系的观念,可能是同时进入到记忆中,或者相继进入到记忆中,由于一定有若干联系的缘故,在记忆中互相并列地贮藏下来。由于做梦或由于思考而被引出的时候,就牵连而出。那些狂人喋喋不休地说着这一件事情,忽然又喋喋不休地说着那一件事情,这里面好像一点关联也没有;然而就那些病人自己来说,恐怕是由于这种观念的联接,而这样从这一件事情转移到那一件事情上的吧。专门治精神病的医生,应该加以深入的研究。

再者,记忆好像也可以说是由于观念的联接而形成的。幼时读书,想加以记忆的时候,有时把读音相似的文字,或者形体相类的文字,批注在生字的旁边,帮助记忆。这正是利用观念的联接的道理。前面已经叙述了推理的问题和想象的问题,所以这里就没有必要再说了。

(十六) 果断行动、行动的理由、意志的自由

关于果断行动的问题,自古以来就有过很多的讨论。由此提出了行动的理由和意志的自由这两个论题,一直成为争论的焦点。

所谓行动的理由,就是说,我们将做什么事情的时候,必定抱有一定的目的。这个目的就是让我们这样去做,或者那样去做,这正是行动的理由。假使这种行动的理由,即目的,只有一个,那就把它作为目标;而在有两个以上的目的时,我们的精神果真能够主动加以选择,采取其中的一个,丝毫不受到目的方面的制约吗?也就是说,我们的精神具有所谓自由的意志吗?或者并不是那样,即在目的只有一个的时候,那不成问题;在两个以上的目的来到眼前的时候,即使我们的精神好像选择了其中的一个,而在实际上却是其中的一个最具有引诱我们精神的力量,排斥其他的一个,使自己进行选择的呢?也就是说,不是我们自己选择的,而是目的的吸引力使我们进行选择的呢?总而言之,究竟是行动的理由确实具有完全的权力,意志的自由不过是一个空名呢?还是意志的自由真正存在,目的却可以听任我们的选择呢?这实在是一个很困难的问题。

自古以来的宗教家及被宗教所迷惑的哲学家,都把意志的自由当做完全的事物;并且这样说:在我们采取行动的时候,即使眼前摆着两个或三个可以当做这种行动目的的事物,我们也是自由自在地选择其中的一个,而丝毫不受这个目的的制约。这正是自

由值得珍视的地方。假使并不是那么一回事，我们经常受到目的，即行动的理由的引诱，由此采取果断行动时，那就不能够不说，即使做了好事，也不一定应该奖赏，即使做了坏事，也不一定应该惩罚，恰像铁受到磁石吸引一样，不由自主。我们的精神，绝不是这样薄弱的。这也许是很有道理的。我们的每一种行动，如果都是由于目的的引诱，自然而然地那样去行动，自然而然地这样去行动的时候，我们的精神，恰像杨柳随风摇摆一样，看来是极端没有价值的。然而假使深入地研究这个问题，结果怎样呢？在实际上，所谓意志的自由，是极端薄弱的。

试就眼前的事情打个比方。假定这里有一杯酒，一碟小豆馅年糕，恐怕富人一定喝酒，穷人一定取小豆馅年糕吧。假使情况不是那样，这个富人故意出乎意料之外，去取小豆馅年糕，那就必定是看到满座客人的情况而这样做的。这仍然是由于在自身之外有行动的理由存在，而不是纯粹从意志的自由去判断的。假使富人并不是为了其他原因而是从自己的意志出发，违反生平的习惯，取了小豆馅年糕，那么，所谓意志的自由，就必定变成没有意义的事。再者，假定有两个涉及道德问题的目的出现在眼前，也就是说，其中的一个目的，显然是正当的，另一个显然是不正当的，假使选择其中的一个，就要变成法律上或道德上的罪人时，苏格拉底[①]和孔丘，大概是立即选择正当的一个，盗跖和石川五右卫门[②]，大概是

① 苏格拉底（Sokratēs，前469—前399），古希腊的哲学家。

② 石川五右卫门（生卒年不详）安土、桃山时代遭到统治阶级镇压的所谓“盗贼”，后被处死。历史学家根据史实核对，认为确有其人。这是一位反抗封建势力，劫富济贫的人物。

立即选择不正当的一个吧。而且不止如此，苏格拉底和孔丘，即使分别由于爱好风流，或慌慌张张，而一度有意选取不正当的一个，自己也一定忍受不了，最后无疑一定选取正当的一个。这就是苏格拉底、孔丘、盗跖和石川五右卫门的意志，都没有自由的证据。

那么，苏格拉底和孔丘，就像铁被磁石所吸引一样，并没有什么值得称赞为圣人或贤人的地方吗？盗跖和石川五右卫门，也同样像铁被磁石所吸引一样，并没有应该憎恶的地方吗？不，不，不。他们在平日的行动方面，正有值得褒奖和应该贬责的区别；在平日有没有加强主观修养的功夫，正有值得奖励和应该惩罚的区别。苏格拉底和孔丘，由于平日以修身砺行的功夫，养成了良好的习惯，最后达到不是好事就是想做也不忍做的地步。这正是值得尊重的地方。反之，盗跖和石川五右卫门，平日养成了坏习惯，欢喜坏事像喜好饮食和女色一样。这正是应该憎恶的地方。所以在我们选择目的时候，果真具有意志的自由的话，那也不是说，无论做什么事情都有自由，而不过是说，有决定平日所习惯了的事物的自由。

假使以为行动的理由，即目的物方面，丝毫没有其他力量的影响，而由纯粹的意志的自由去控制行动的话，那么平日的修养，周围的环境，时代的风气，以及所有一切能够移风易俗，影响身体的事物，都将失掉了作用；而这在历史事实上是被否定了的。

所以要想使人们在眼前摆着两个以上的涉及道德问题的目的的时候，一定采取正当的一个，抛弃不正当的一个，最重要的是自幼所受的教育；它的重要的关键，在于选择平时所交往的朋友。假使没有这种修养，而漫不经心地去处理问题的时候，很少有不被那种不正当的目的所诱惑的。除了生而知之及安而行之的大圣人以及不可改变和不可超度的下愚以外，都是随着平日的修养如何为转移，成为既可倾向好的，又可倾向坏的状态。既然说我们有意志的自由，胡乱依靠自己的意志去处理问题，那就几乎很少有不陷入歧途的。例如下层社会所以有较多的人犯强盗及偷窃罪，中产阶级以上所以有较多的人犯欺诈及伪造罪，都是他们的环境和阶级所造成的。轻视意志的自由，重视行动的理由，并重视平日的修养，这是使我们少犯过错的唯一方法。

（十七）　自省的能力

所谓自省的能力，就是指自己反省自己现在在做什么，在说什么，在想什么的能力。

存在不存在一种自省的能力，这正是可以检验精神是不是健全的证据。即使对照日常的事情，酒鬼一面举起酒杯，一面明白地说“我醉得厉害”或“我大醉了”等的时候，就证明他并没有那么醉，至少也还没有完全丧失自省的能力，绝不至于乱来胡闹。再者，精神病者自己说，“我这个人有些怪”等语的时候，也和醉汉一样，还没有丧失自省的能力；也就是说，这是还没有完全变成狂人的征候。

我们正因为具有这种自省的能力，所以自己知道自己所做的事正当不正当。所以假使做得正当，就自己夸耀，内心感到愉快，假使做得不正当，就自己悔恨。从这点来说，且不说道德，且不说法律，在我们的所有的行动还没有被他人知道以前，我们自己就对这些行动下了判断，判断这是违背道德的，那是触犯法律的。所以道德是以正当不正当的观念和这种自知的能力为基础而建立起来的。不止是在主观方面，在客观方面，也就是说，不止是凭借我们独自的武断，同时也在社会群众的看法中，有正当不正当的区别。而且又因为有这一种自省的能力，所以正当不正当的判断能够成为公正的舆论；因此而树立道德的根本。

社会上有许许多多这种自省能力极为微弱的人物，不能不说，那种人恐怕是世界上极为不幸的人。不知道有多少人，即使自己做了大官，发了大财，也只是白白地糊里糊涂地虚度光阴，以为所谓人这个东西可能都应该是这个样子度过一生的。这都是像一般所说食而不知其味一样。我们日本的旧华族的大老爷们，大都就是这么一类人物。反之，哪怕只有所谓一箪食，一瓢饮，假使自己也还是时时刻刻提醒自己，也就是说，运用自省的能力检点自己的地位，以所谓仰不愧于天，俯不怍于地而自乐，在所谓采菊东篱下，悠然见南山[①]的境界，优游自得，该是多么幸福啊！与其说，有没有自省的能力是聪明和愚笨的区别，倒不如可以说，那是人和兽的区别。有这种能力就是人，没有这种能力就是兽。社会上的衣冠禽兽，为什么这么多呀！

主张来世审判的说法的人动辄说，社会上有不少缺少自省能力的人，暗中犯了严重的罪行，没有受到法律上的制裁，抱着满不在乎的态度，丝毫不知道悔改，反而自鸣得意。对于这些人来说，因为道德本身的审判过于微弱的缘故，必须等到来世进行审判的

① 陶潜：《饮酒诗》。

时候，才能够使犯罪得到相应的惩罚。假使并没有那么一回事，那些丧失了自省能力的人，生在这个世界上，就要成为所谓道德上的麻木不仁云云。

我们却说，这绝不是需要来世审判的理由。那些真正完全丧失了一种自省的能力，而感觉不到自己的行动是好是坏的人物，是世界上最可怜的人物。处于受到社会上人们一致的指责和憎恶，自己一个人反而满不在乎地不加自省，这已经不能够说是人，而必须说是一块顽固不化的肉块。人类的道德品行所最必要的，即人所以区别于禽兽的唯一工具——自省的神火熄灭了，使自己的法身[①]完全没入黑暗状态，这不能够不说，世界上没有比它更重的惩罚，在精神上被投入了无形的地狱。自省之明，就是这样值得珍视的。

并且想把惩罚当做具有复仇性质的事物，于是重视犯罪和惩罚的平衡，这尤其不能够不说是浅陋的见解，不能够不说是生了蛀虫的旧思想。要求废除死刑的倾向正在高涨的今天，提出具有复仇性质的刑法，当做哲学上的一种学说，这尤其不能够不说是荒谬的。

（十八）　归纳法、演绎法

我在前面一章已经论述了推理的能力。如果进一步详细地讨

① 法身：根据小乘佛教的解释，认为释迦牟尼的肉身是假身，对于肉体的大悟或顿悟（也叫做法身）是真身。只有真身，才是佛的本性，才是真如。

论，推理自然有两种方法：一种是演绎法，另一种是归纳法。

归纳是指研究一个个道理，一层一层地积累上去，追溯到能够概括这些道理的根本原理。演绎则正和归纳相反，是指把一个根本原理放在前面，一层一层地由上而下，寻找这个根本原理所概括的一个个道理。因为这两者是最普通的推理方法，几乎没有人不知道，所以只在这里举出他们的名目，我想没有必要再加以详细讨论。

第三章　结论

写到这里，按顺序应该讨论道德、逻辑。然而我现在本来不是系统地编写一部哲学书籍。系统地编著一部哲学著作，这是著者现在的境遇所不能容许的。所以从第一章起就很杂乱。但是著者的宗旨，在大体上不过是就神的存在和不存在，灵魂的消灭和不消灭，世界的有限和无限，始终的有无，以及其他抽象的观念等等自古以来的学者众说纷纭的几个问题，谈谈自己的意见而已。如果将来幸而得到合适的人，从这里开始，建立一个有系统的中江兆民主义，那就是著者的最大心愿。

（1901 年 9 月 23 日脱稿）

附录:中江兆民的主要著译和参考文献

一、主要著译

《普鲁士财产继承法》 圣约瑟夫原著 司法省 明治十(1877)年

《英国财产继承法》 圣约瑟夫原著 司法省 明治十年

《法国诉讼法原论》(全四册) 波埃尼原著 司法省 明治十二年

《民约译解》(即《社会契约论》)卷一 卢梭原著(J.-J. Rousseau:Le Contrat social[1761]的汉译本) 法兰西学塾出版局 明治十五年

《非开化论》 卢梭原著(J.-J. Rousseau:Disconrs sur les Sciences et les arts[1750]的日译本)上下二册 日本出版公司 前编明治十六年 后编明治十七年(译者土居言太郎)

《维氏美学》 维隆原著(E. Véron:Esthétique[1878]日译本)上下二册 文部省编辑局 明治十六—十七年

《理学沿革史》 富耶原著(A. Fouillée: Histoire de la philosophie[1878]的日译本)上下二册 文部省编辑局 明治十九年

《理学钩玄》(编著) 集成社 明治十九年

《革命前法兰西二世纪事》 集成社 明治十九年

《三醉人经纶问答》 集成社 明治二十年

《平民的觉醒》(一名《国会的心得》) 矶部文昌堂 明治二十年

《国会论》 盛业馆 明治二十一年

《选举人觉醒》 金港堂 明治二十三年

《忧世慨言》 骎骎堂 明治二十三年

《放言集》 出版社不详 明治二十五年

《四民的觉醒》 东京印刷公司 明治二十五年

《伦理学参考书道德大原论》（即《伦理学大纲》） 叔本华原著 据Grundprobleme der Ethik(1841)的法译本重译。上下二册 一二三馆，明治二十七年

《一年有半》 博文馆 明治三十四年

《续一年有半》 博文馆 明治三十四年

《四民之觉醒》 一二三馆 明治三十五年

《警世放言》 松邑三松堂 明治三十五年

《兆民文集》 日高有伦堂 明治四十二年

《笔犹在舌犹在》 三德社 大正十一(1922)年

《兆民文集》 改造社改造文库 昭和四(1929)年

《明治文化全集·政治篇》 吉野作造编 日本评论社 昭和四年（收《民约译解》、《三醉人经纶问答》、《平民的觉醒》）

《现代日本文学全集第39·社会文学集》 改造社 昭和五年（收《一年有半》）

《一年有半·续一年有半》 嘉治隆一编 岩波文库 昭和十一年

《兆民选集》 嘉治隆一编 岩波文库 昭和十一年

《现代日本文学全集52·中江兆民集》 筑摩书房 昭和三十二年（收《一年有半·续一年有半》）

《三醉人经纶问答》 桑原武夫、岛田虔次现代语译、校注 岩波文库 昭和四十年

《增补兆民文集》 幸德秋水编 宗高书房 昭和四十年

《明治文学全集13·中江兆民集》 林茂编 筑摩书房 昭和四十二年

《日本的名著 36·中江兆民》 河野健二编 中央公论社 昭和四十五年

《近代日本思想大系 3·中江兆民集》 松永昌三编 筑摩书房 昭和四十九(1974)年

二、重要参考文献

幸德秋水《兆民先生》 博文馆 明治三十五(1902)年

幸德秋水《兆民先生、兆民先生行状记》 岩波文库 昭和三十五年

岩崎徂堂(胜三郎)编《中江兆民奇行谈》 大学馆 明治三十四年

竹内千美《父兆民的回忆》 《图书》第 189 号 昭和四十年五月

久木东海男《中江兆民》(收于久保田辰彦著《廿一大先觉记者传》) 大阪每日新闻社 昭和五年

加田哲二《中江兆民》(收于《明治初期社会思想的研究》) 春秋社 昭和八(1933)年

永田广志《中江兆民的哲学发展、中江兆民的唯物主义及其任务》(收于《日本唯物论史》,白扬社,昭和十一年,后收于《永田广志全集》第三卷,法政大学出版局 昭和四十四年)

嘉治隆一《中江笃介》(收于《创造历史的人们》 大八洲出版公司 昭和二十三年)

小岛祐马《中江兆民》 弘文堂雅典娜文库 昭和二十四年

石田铃子《中江兆民》(收于《日本历史讲座近代篇一》 河出书房 昭和二十七年)

平尾道雄《中江兆民及其时代》(高知《县民俱乐部》 昭和二十七年五—九)

石田一良《兆民的思想和秋水的社会主义》(收于高坂正显编《明治文化

史思想言论篇》,洋洋社,昭和三十年)

嘉治隆一《中江兆民》 国土社(少年传记文库) 昭和三十一年

林茂《中江兆民》(收于《近代日本的思想家》) 岩波书店 昭和三十三(1958)年

土方和雄《中江兆民》 东京大学出版会,昭和三十三年

铃木正《中江兆民与民主革命》(《人民》昭和三十四年七月,后收于《近代日本的理性》),劲草书房 昭和四十二年

山口光朔《异端的源流——中江兆民的思想和行动》,法律文化社,昭和三十六年

井上清《中江兆民》(《朝日杂志》第4卷23号 昭和三十七年,后收于朝日新闻社编《日本的思想家——最近一百年》第1卷)

桑原武夫《中江兆民》(收于《近代日本的思想家》《震动二十世纪的人们》第二卷,讲谈社,昭和三十八年)

嘉治隆一《中江兆民》(收于《三代言论人集》第四卷,时事通讯社 昭和三十八年)

桑原武夫编《中江兆民的研究》 岩波书店 昭和四十一年(内容有:兆民其人〔桑原武夫〕、兆民的哲学思想〔上山春平〕、兆民的政治思想〔樋口谨一〕、兆民的经济思想〔河野健二〕、民权运动和《维氏美学》〔飞鸟井雅道〕、兆民与自由民权运动〔井上清〕、《民约译解》原文、日译及注解〔岛田虔次〕、其他有关资料)

松永昌三《中江兆民》 柏书房 昭和四十二(1967)年

松永昌三《中江兆民的思想》 青木书店 昭和四十五年

福田静夫《中江兆民》《前卫》 昭和四十七年五月

井田进也《兆民的法国留学——和卢梭的会见》(收于芳贺彻等编《西洋的冲击和日本》,东京大学出版会,昭和四十八年)

松本健一《中江兆民和幸德秋水》(《传统与现代》23,昭和四十八年)

松永昌三《中江兆民主义的历史地位》(《史潮》113号,昭和四十九年)

图书在版编目(CIP)数据

一年有半、续一年有半/(日)中江兆民著;吴藻溪译.
—北京:商务印书馆,2017
(汉译世界学术名著丛书:120年纪念版:珍藏本)
ISBN 978-7-100-14846-7

Ⅰ.①一… Ⅱ.①中… ②吴… Ⅲ.①近代哲学—日本 Ⅳ.①B313.4

中国版本图书馆CIP数据核字(2017)第159045号

汉译世界学术名著丛书
(120年纪念版·珍藏本)
一年有半、续一年有半
〔日〕中江兆民 著
吴藻溪 译

商 务 印 书 馆 出 版
(北京王府井大街36号 邮政编码100710)
商 务 印 书 馆 发 行
北京市松源印刷有限公司印刷
ISBN 978-7-100-14846-7

2017年12月第1版 开本710×1000 1/16
2017年12月北京第1次印刷 印张9¼
定价:48.00元